Cómo ser un líder
en cualquier situación

Luca Guidarelli

CÓMO SER UN LÍDER EN CUALQUIER SITUACIÓN

dve
PUBLISHING

A pesar de haber puesto el máximo cuidado en la redacción de esta obra, el autor o el editor no pueden en modo alguno responsabilizarse por las informaciones (fórmulas, recetas, técnicas, etc.) vertidas en el texto. Se aconseja, en el caso de problemas específicos —a menudo únicos— de cada lector en particular, que se consulte con una persona cualificada para obtener las informaciones más completas, más exactas y lo más actualizadas posible. EDITORIAL DE VECCHI, S. A. U.

El autor está a disposición de los lectores para informar sobre los cursos de formación en la siguiente dirección de correo electrónico: luca.guidarelli@fastwebnet.it

Traducción de Isabel Sampere Sánchez.

Diseño gráfico de la cubierta de Studio Tallarini.

Ilustración de la cubierta de Antonio Tubino.

© Editorial De Vecchi, S. A. 2018
© [2018] Confidential Concepts International Ltd., Ireland
Subsidiary company of Confidential Concepts Inc, USA
ISBN: 978-1-68325-768-4

Agradecimientos

La realización del presente libro no hubiera sido posible sin la preciosa aportación, directa o indirecta, de muchas personas a las cuales he tenido la suerte de encontrar durante mi vida. Me parece, por lo tanto, un deber estarles agradecido.

A Stefano di Benedetto y Alfredo Bernardini de Pace, por haberme enseñado muchos de los principios presentes en esta obra. A Roberta Garibaldi, por haber confiado en mí al principio de mi carrera como formador y por haberme ayudado a iniciar una profesión que siento en el corazón. A Gaddo della Gherardesca, por haber escrito la introducción del libro. A Ernesto Rizzo, por haber escrito el apartado sobre la neurofisiología del liderazgo. A Claudia Perazzi, por haber contribuido a la corrección y presentación de los textos, además de por haberme soportado con paciencia durante la redacción.

Para acabar, quisiera dar las gracias a mi madre, Giuliana, sin la cual no habría podido jamás, ni siquiera, «concebir» este libro.

ÍNDICE

PRÓLOGO

Cuando en 1974 ingresé en la Academia Naval de Livorno para prestar el servicio militar como oficial de marina, asistí a una clase, la primera, sobre la actitud en el mando. Recuerdo que lo que pretendían enseñarnos debía ser inherente en cada uno de nosotros desde el nacimiento, pero no era así.

En efecto, en cada uno de nosotros existen potencialidades que, a menudo, no exprimimos y que sólo una educación familiar atenta, una escuela formativa y una aplicación polivalente de nuestros recursos pueden despertar. Estos tres componentes son importantes para activar las virtudes que deberían permitirnos desarrollar el liderazgo en la esfera personal. Tal liderazgo se manifiesta cuando aquellos que dependen de un jefe entienden los valores positivos que expresan su esfuerzo, creatividad o gran dinamismo. Tales valores, si lo preferimos, se reconducen hacia el centro de las relaciones humanas: la familia y el respeto del prójimo, además del amor propio.

No puede existir un liderazgo que no contemple el respeto hacia los propios trabajadores. Puede que, en algún caso, se altere, pero lo que no puede pasar es que no se comprenda. A la vez, el verdadero liderazgo se da a través del ejercicio de la humildad y la educación. Humildad en la aproximación a los colaboradores y en demostrarles que la capacidad es el rasgo distintivo, y no la función.

Personalmente, a menudo he tenido que resolver trabajos muy inferiores respecto a la labor que desarrollo en mi empresa. A pesar de ello, los he ejecutado con placer, demostrando con mi comportamiento la cercanía que mantengo con mis empleados y ganándome, consecuentemente, su respeto. Recuerdo cuando viajé con Luca Guidarelli, autor de este libro y por aquel entonces mi colaborador, por las provincias de las Marcas y Abruzzo para promocionar el trabajo de la sociedad de la cual era director general. A menudo celebrábamos reuniones en las oficinas de clientes, a veces pintorescas. Personalmente, no creo que Luca no haya apreciado mi gesto ni haya leído en él una gran muestra de apoyo y humildad. Lo demuestra el hecho de que, a pesar de que han transcurrido diez años, nuestra amistad continúa más que viva, por lo que, entusiasmado, le he dado mi apoyo a su obra.

Muchas empresas actuales están llenas de directivos retrógrados. Yo creo en los que han prestado sus servicios en muchas guerras, es decir, en los veteranos que han comprobado lo que transmiten a sus hombres. Podría objetarse que los veteranos no están de moda, pero para llegar a serlo se necesita todo un proceso educativo que requiere toda la vida.

La educación, otro factor fundamental y distintivo en el ámbito laboral, es inversamente proporcional al dimensionamiento de las funciones; cuanto más se asciende, como norma general más arrogantes se vuelven las personas. Es un comportamiento equivocado y normalmente ausente en las historias de mayor éxito.

En lo que a mí se refiere, estoy acostumbrado a responder de la manera más rápida posible a todas las llamadas: desde las de personas en la cúspide hasta las del último trabajador que haya llegado a la empresa, y, sinceramente, a menudo me divierto más con estos últimos. Al mostrar respeto por los empleados, que se ejemplifica con la comprensión de sus exigencias, antes que nada, como personas, automáticamente se obtiene credibilidad y confianza, elementos fundamentales para el éxito del equipo.

Llegados a este punto no me queda más que desearle una lectura provechosa de este libro, que desarrolla los conceptos que he expuesto brevemente, creando un útil marco dentro del cual puede pintar el cuadro de su vida de líder.

GADDO DELLA GHERARDESCA

INTRODUCCIÓN

En los últimos veinte años hemos asistido a grandes cambios políticos: desde la caída del muro de Berlín hasta un desarrollo tecnológico sin precedentes como consecuencia de la irrupción de internet. Por desgracia, en el campo de la gestión de los recursos humanos y el ejercicio del liderazgo los pasos evolutivos asumidos han sido pocos respecto a las necesidades reales. En efecto, en la actualidad vivimos en una fase que se caracteriza por una crisis de valores generalizada, que se hace particularmente evidente en el campo del liderazgo. El mundo de las empresas está lleno de líderes mediocres, despóticos y estresados que, en una sociedad madura y altamente democrática, se erigen como un obstáculo para el crecimiento económico y, sobre todo, para el bienestar del trabajador. Las alarmas lanzadas recientemente por la Organización Mundial de la Salud son fuertes señales de concienciación sobre la precariedad del bienestar psíquico-físico de las personas que trabajan en el mundo productivo.

Sobre el liderazgo se ha escrito mucho; algunos conceptos han sido estudiados con detenimiento y son suficientemente conocidos (de hecho, los principios básicos del liderazgo tienen miles de años, por lo que, más que otra cosa, es necesario redescubrirlos y, sobre todo, aplicarlos), aunque, partiendo de lo expresado anteriormente y de la situación que compruebo a diario durante los cursos de formación, mantengo que su difusión a un público cada vez mayor mejoraría la situación. El objetivo de este trabajo es proponer una definición del papel del líder, reelaborándola mediante la aplicación de esquemas más próximos a la situación actual. Estar muy implicado en el tema me ha servido para comprobar de manera constante en mi actividad como formador la necesidad de revisitar el papel del líder. Los conceptos que se expresan en el libro son simples y fáciles de aplicar, pero, como para cualquier cosa, es necesario convivir con ellos para pasar posteriormente a su implementación, que requiere mucha constancia y grandes sacrificios. No obstante, las ventajas que se pueden extraer son enormes y devuelven de manera ostentosa las energías puestas sobre el terreno para cambiar el estilo de liderazgo de uno mismo.

El estudio científico de las relaciones humanas y, sobre todo, los de Daniel Goleman sobre la inteligencia emotiva y el funcionamiento bioquímico del cerebro han permitido explicar con conocimiento de causa los procesos que se dan en nuestra mente y las dinámicas de las relaciones interpersonales ya conocidas y aplicadas de manera empírica desde nuestros antepasados. A pesar de ello, hoy ha cambiado el contexto social y económico en que se manifiestan tales fenómenos, por lo que resulta indispensable plantearse el liderazgo de manera científica. Para ser líderes eficaces, leer un libro o asistir a un curso de formación son, sin duda, el punto de partida básico, aunque hay que ser conscientes en todo momento de que sin un trabajo constante respecto a uno mismo no se conseguirán grandes resultados.

Un consejo que ofrezco al lector es que lea varias veces y en diferentes momentos este volumen, subrayando los conceptos más importantes y comprobando en todo momento su evolución y los cambios en su liderazgo. Los principios básicos se tratarán varias veces, siempre desde ópticas diferentes. Además, se reformularán al final de cada capítulo para facilitar no sólo su comprensión, sino también su memorización.

SER LÍDER

> *Lo que hay detrás de nosotros*
> *y lo que hay frente a nosotros*
> *es poco respecto a lo que hay*
> *dentro de nosotros.*
>
> EMERSON

Cualquier curso de formación o convención que tengan como tema el liderazgo acaban en un dilema que, a estas alturas, parece eterno y casi de imposible resolución para quienes lo trabajan: el líder, ¿nace o se hace? Por desgracia, no existe una respuesta inequívoca en un sentido u otro.

La opinión de quienes operan en el sector se divide, casi ecuánimemente, entre las dos respuestas. A pesar de ello y bajo mi punto de vista, considero que se trata de un camino intermedio: si está claro que, en contadas ocasiones, algunas personas nacen con dotes de liderazgo, también lo está que también se puede aprender a ser líder. Esta segunda hipótesis es la que se da con mayor frecuencia.

Incluso considerando los últimos descubrimientos sobre el mapa del genoma humano, de los que se extrae que las diferencias genéticas entre los seres humanos están mucho menos marcadas de cuanto se hubiera pensado en el pasado y que tienen que ver con aspectos físicos, no se puede excluir en absoluto las posibilidades para aprender a ejercitar, con éxito, una acción de líder. Además, la teoría del análisis transaccional (Eric Berne, 1961) refuerza las tesis del aprendizaje. Según dicha teoría, todo ser humano se relaciona con el mundo exterior a partir de diferentes comportamientos que ha aprendido durante todo su desarrollo y que se estabilizan con el tiempo, convirtiéndose en predominantes en la edad adulta. Ello supone que somos el resultado de nuestras propias experiencias, lo que indica que ya de niños asimilamos en nuestros propios comportamientos algunas características del líder, surgidas, probablemente, gracias a la ayuda de circunstancias ambientales que han favorecido su aparición. Por el contrario, quien se encuentra con condicionantes que obstaculizan dicho proceso, de adulto tendrá dificultades para que afloren sus dotes de líder.

De hecho, la antigua sabiduría oriental puede ayudarnos a validar esta tesis. La filosofía oriental, en efecto, se basa en que el ser humano tiene dentro de sí el «todo», es decir, posee un patrimonio ancestral que comprende el conocimiento de toda la historia de la especie humana, por lo que únicamente hay que redescubrirlo a través de la conciencia y ponerlo en práctica.

Sin ir demasiado atrás en el tiempo, no se debe olvidar que la escuela del pensamiento positivo y motivacional americano, entre la posguerra y nuestros días, ha mantenido que los individuos poseen capacidades extraordinarias que sólo hay que activar (obras de Dale Carnagie, Og Mandino, Norman Vicent Peale, Napoleon Hill y tantos otros).

Así pues, todos podemos convertirnos en líderes, y no es necesario contar con dotes excepcionales, pero sí lo es que seamos conscientes de que podemos serlo con el ejercicio continuo y diario, con gran humildad y muchas ganas de crecer. Analizando múltiples historias exitosas se descubrirá que sobre sus espaldas a menudo hay fracasos que, no obstante, jamás han desalentado a quienes tenían la fuerza interior y la voluntad necesarias para alcanzar sus propias metas.

Sin embargo, no es menos cierto que las personas que desde el principio han respirado aires de líderes en sus padres y en los ambientes en que han vivido partirán con mayor ventaja, y de adultos contarán con mayores posibilidades para desarrollar su liderazgo. Para el resto, si realmente lo desean, es una simple cuestión de tiempo y aprendizaje.

LOS PILARES DEL LÍDER

No busquéis convertiros en hombres de éxito, sino en hombres de valor.

ALBERT EINSTEIN

En el mundo actual, en continuo cambio, la figura del líder, sea en la empresa o en la sociedad, también ha evolucionado y cambiado profundamente. Del punto de partida mandar-supervisar, empleado hasta los años noventa, se está pasando de manera lenta a uno cimentado en la participación y el trabajo en equipo. La doctrina norteamericana ha definido el nuevo sistema como el de la pirámide invertida, donde la estructura jerárquica tiene como fin principal la definición de competencias y la responsabilidad.

Hoy, las personas, por lo menos en los países industrializados, son más cultas, informadas, atentas y conscientes, por lo tanto, menos manipulables. Así pues, para aplicar el liderazgo de manera exitosa es necesario disponer de algunas características y competencias personales que sólo en una pequeña fracción pueden considerarse innatas, porque en su mayoría son adquiribles.

• **Liderar es guiar.** La característica mental más importante del líder consiste en considerar que las personas son el elemento principal de cualquier actividad humana y que se anteponen a lo material. Desde esta perspectiva, debe saber que no tiene que mandar, sino guiar, implicar y no obligar, y, sobre todo, saber que para llevar esto a cabo debe estar a la cabeza del pelotón y no en la cola.

• **Liderar es no ser egoísta.** El líder que busca únicamente la autogratificación nunca podrá contar con el apoyo necesario de los trabajadores o de quienes le rodean. Si un líder se preocupa exclusivamente de la importancia de su papel y posición de poder, acabará empantanándose y creando terrenos estériles a su alrededor. Este tipo de líder se rodea, por lo general, de personas mediocres del tipo «Sí, señor», preparadas para hacer lo que sea sin respirar ni pensar. Evitar el egoísmo no quiere decir abandonar el propio ego, motor de crecimiento e instinto natural de supervivencia; simplemente significa trasladarse hasta un horizonte más amplio que también tenga en cuenta la importancia del yo de sus colaboradores.

• **Liderar es ser leal.** Ningún proyecto ni ninguna organización pueden tener grandes probabilidades de éxito si las personas no son leales. Por ello, un líder debe ser leal en primera persona si quiere que los otros también lo sean con él. La lealtad no se puede pretender, tiene que merecerse y conquistarse con el ejemplo. Ocupar puestos de mando significa, como veremos mejor más adelante, estar en lugares donde la confianza y la credibilidad son fundamentales. El líder sabio es conocedor de que cualquier buen resultado depende de la fuerza y de la cohesión de su equipo.

• **Liderar es ser intuitivo.** Un líder ve hoy lo que el resto verá sólo en el futuro, por lo que trabaja para lo que vendrá y la verdad de los hechos. Por ello, actuará desligado del consenso fácil y no necesariamente de acuerdo con el pensamiento común. Tiene que disponer de capacidad para ver más allá y, a la vez, tiene que ser consciente en todo momento de que puede caer en la tentación de secundar la tendencia de actuar sin contar con la opinión de los colaboradores. Como cuando se sigue una fuerza interior para iniciar un cierto camino, es aconsejable encontrar en todo momento argumentos sólidos y racionales para explicar y convencer a los trabajadores de que el camino elegido es el correcto.

• **Liderar es sentirse responsable.** El verdadero liderazgo requiere un gran sentido de responsabilidad en lo que se refiere al propio trabajo y al del resto de personas implicadas. Todos conocemos ejemplos de líderes que se atribuyen el mérito de los éxitos y descargan en otros las responsabilidades de los fracasos. Un líder tiene que estar preparado en todo momento para compartir las gratificaciones que se derivan de los éxitos, puesto que sabe que forman parte del grupo, además de saber asumir los errores, ya que descargando las irresponsabilidades propias en los otros estos acaban por defenderse y no actuar. Otra grave consecuencia es que las personas se desmotivan, dejan de colaborar y realizan un esfuerzo mínimo. Mi experiencia como formador me ha enseñado que, en la mayor parte de los casos, las personas que trabajan en organizaciones no acostumbran a explotar al máximo todas sus potencialidades y cualidades, debido a la incapacidad motivadora de sus jefes. El verdadero líder tiene que sentirse el único responsable de los fracasos, incluso cuando la responsabilidad directa es de sus colaboradores, puesto que es conocedor de que su labor principal es que las cosas funcionen correctamente.

• **Liderar es ser flexible.** Está muy difundida la opinión de que admitir un error es un signo de debilidad del líder. Posiblemente, esta será la manera de pensar de las personas mediocres y a sus ojos el líder parecerá, en efecto, débil si admite una equivocación. No obstante, hay que recordar que sólo quien admite sus propios errores se concede una oportunidad para mejorar y no cometerlos de nuevo. Las personas con sentido común saben que el ser humano se equivoca y que la infalibilidad no es un valor absoluto, a pesar de que sea el objetivo que debe perseguir un líder. La vía correcta de hoy puede ser la equivocada mañana. El modo de actuar del líder tiene que adaptarse a las condiciones reales y no a la teoría. Los líderes débiles son aquellos incapaces de reaccionar de manera creativa ante nuevas situaciones y que se esconden tras la rigidez de reglas y procedimientos contrarios al desarrollo y a la innovación.

EL POSICIONAMIENTO MENTAL POSITIVO

Un pesimista ve la dificultad en cada oportunidad, un optimista ve la oportunidad en cada dificultad.

WINSTON CHURCHILL

Uno de los lugares comunes más frecuentes consiste en pensar que ciertas personas siempre tienen suerte, que las cosas siempre les van bien y, a menudo, que gozan de buena salud. ¿Podemos creer realmente que todo ello sea casual? Si pensamos en personas afortunadas y de éxito que conocemos y analizamos su planteamiento mental, en muchos casos debemos contestar que tienen una visión positiva de ellas mismas y confianza en su futuro. Para ellas, el éxito no es una cuestión de suerte, sino de estrategia de pensamiento.

Los verdaderos líderes tienden a considerarse personas ganadoras. Su optimismo procede de su convicción de poder influir en los acontecimientos. No se sienten afortunados, pero sí fuertemente convencidos de que pueden triunfar, y confían en sus propias posibilidades y en las de los demás. Incluso cuando pierden, saben que la derrota forma parte del camino que conduce hasta la consecución de sus propios objetivos. Si un líder tiene que enfrentarse a un gran problema, tal vez muy poco motivador, debe respetar en todo momento un principio universal: la mejor manera para afrontar las adversidades es abordarlas desde el mayor número de lados hasta la victoria. Un antiguo proverbio chino reza: «Si tienes un problema que no tiene solución, ¿por qué te preocupas? Y si tiene solución, ¿por qué te preocupas?».

La aplicación del principio de perseverancia ofrece una gran oportunidad para acrecentar el propio liderazgo. Si incluso al final no se ha conseguido resolver el problema, los empleados estarán contentos por trabajar con una persona que no se ha dado por vencida y ha luchado con todos los medios, y, sobre todo, seguirán su ejemplo. Muchos de los grandes personajes de la historia deben su éxito y fama a su perseverancia. Mahoma, por ejemplo, dijo: «Dios está con los que perseveran»; de la misma manera, un proverbio latino reza: «La gota cava en la piedra». El comportamiento de la mayoría de los individuos ante acontecimientos negativos se centra, en cambio, en la renuncia, pero si dicho desistimiento se repite en un futuro, lo único que genera es un pensamiento de perdedor en el individuo que reacciona de tal manera ante la adversidad. En algunos casos el comportamiento marcado por la renuncia puede convertirse en una patología psicológica real llamada ISG. El modelo perdedor ISG se ha estudiado durante 35 años en la Universidad de Harvard en dos grupos de estudiantes. El resultado de la investigación fue que las personas que desde los 25 años habían adoptado el pensamiento ganador consiguieron éxito en la vida y gozaron de buena salud hasta una edad avanzada. El grupo formado por los pesimistas consiguió posiciones más modestas y su salud empezó a empeorar entre los 40 y los 45 años. Muchos científicos mantienen que una predisposición positiva favorece incluso el desarrollo del sistema inmunitario.

Una primera explicación del fenómeno por el cual el optimismo es beneficioso la elaboró Maxwell Maltz en los años cincuenta del siglo XX. El resultado de sus investigaciones se publicó en los setenta en un texto que se ha convertido en un clásico de la psicología moderna: *Psicocibernética*. El autor sostiene que la imaginación desempeña en la vida un papel más importante de lo que pensamos y que «nuestra manera de actuar o no actuar depende de nuestra imaginación, y no de nuestra voluntad. Un ser humano actúa, siente y se comporta de acuerdo con lo que imagina que es verdadero en su interior y entorno. Se trata de una ley mental fundamental. Nuestro sistema nervioso no puede calcular la diferencia entre experiencia imaginaria y experiencia real: en ambos casos, el sistema reacciona de manera automática a los datos que le transmite nuestro cerebro. Nuestro sistema nervioso reacciona de acuerdo con lo que pensamos o imaginamos como verdadero».

Antes que Maltz, Albert Einstein había sacado a la luz otras veces en muchos de sus trabajos que la imaginación tiene un papel decisivo en el crecimiento del individuo y en la evolución de la ciencia. Sobre el resto, en la Antigüedad, filósofos, científicos y poetas a menudo mantuvieron que somos lo que creemos ser.

El psicoanálisis también ve en el pensamiento positivo un elemento imprescindible para

Nadie más que nosotros puede hacernos infelices.
SAN JUAN CRISÓSTOMO
Uno es tan feliz como cree que es.
SÉNECA
Puedo hacerlo todo porque pienso como poderoso.
VIRGILIO
La mayorías de las personas son felices en la medida que lo han decidido ser.
LINCOLN

el bienestar y el éxito del individuo. Según esta notable corriente científica, el pensamiento positivo induce a que las personas vivan su propio presente con mayor conciencia y sentido de la responsabilidad. Por ello, la calidad de vida depende, de manera relevante, de la cantidad de pensamientos presentes en nuestra mente. Si dichos pensamientos son positivos, nuestra realidad estará condicionada favorablemente. El pensamiento positivo puede considerarse, más que un estilo de vida, una técnica autoinducida válida para reprimir la depresión y acrecentar la autoestima, y, como también se ha dicho, capaz de mejorar el bienestar físico de la persona.

De estos principios y consideraciones se deduce claramente que un líder no puede prescindir del comportamiento mental positivo, condición indispensable para desarrollar con éxito su «misión inspiradora» entre los trabajadores. Aun así, no se trata de desarrollar un falso optimismo, simulando siempre que todo va bien. Es una válida costumbre mental definida por William Glasser en su libro *Piensa en positivo* como «dependencia positiva».

VALORES, ÉTICA E INTEGRIDAD

> *No hay nada más despreciable que el respeto fundamentado en el miedo.*
>
> ALBERT CAMUS

Los consejos de las empresas más importantes del mundo están demostrando una atención cada vez mayor a la calidad del ambiente de trabajo, debido al impacto que este tiene en los resultados en lo que a productividad se refiere. En muchos países, a la cabeza de las clasificaciones de las mejores empresas para trabajar se hallan nombres, como la estadounidense *Fortune* o la italiana *Il sole in 24 Ore*, que suelen ser, a la vez, las empresas con mayores ingresos económicos en el panorama internacional.

A partir de tales investigaciones se ha deducido que la calidad del ambiente de trabajo influye también en el éxito de la empresa y que aquel se basa en una relación de confianza mutua entre el líder y sus trabajadores. Por este motivo, la manera en que se lleva a cabo el liderazgo es un elemento fundamental para la creación de un ambiente de trabajo excelente y, por consiguiente, para alcanzar buenos resultados.

La confianza en el líder se identifica a través de tres indicadores fundamentales.

• **Credibilidad.** Para que el líder sea creíble tiene que fomentar una comunicación abierta y accesible desde la base. Además, ha de demostrar competencia en la gestión de los recursos humanos y materiales, además de ser coherente con él mismo.

• **Respeto.** Se manifiesta a través del apoyo del líder al desarrollo profesional del trabajador, por lo que tiene que delegar. Además, implicar al trabajador en las decisiones importantes de la empresa y considerarlo como un individuo con vida personal y necesidades propias contribuye a alimentar el nivel de respeto.

• **Imparcialidad.** Debe entenderse como la ausencia de favoritismos y discriminaciones sexuales o de edad, y de nepotismo. El tratamiento económico paritario es el otro elemento básico de la imparcialidad.

Por delante incluso de la motivación, están los valores humanos que determinan nuestra forma de actuar y nuestro bienestar. No se trata de decir siempre que sí ni de ser moralistas, sino de establecer reglas psicológicas para todos. Los trabajadores que buscan orientación e inspiración ven al líder como su faro, pero el mensaje de este depende de lo que es y de lo que hace. Cuando se trata de influir en los otros, el ejemplo no sólo es la parte más importante, sino la única estrategia para hacerlo. Por desgracia, todavía son muchos los que hacen de la manipulación su instrumento cotidiano para la gestión de personal.

Manipular significa, sobre todo, no respetar al prójimo y hacer que este actúe contra su voluntad. Como se podrá ver mejor a continuación, las personas se motivan y actúan si ven satisfecho un deseo. Por ello, la manipulación es el mejor sistema para desmotivar y disminuir el principal elemento del liderazgo: la confianza.

Un líder que transmita honestidad, confianza y principios no puede no ser apreciado por sus empleados. A pesar de ello, muchos jefes entienden que si salen a la luz dichas cualidades en el desarrollo del liderazgo, pueden ser juzgados como personas débiles e incompetentes. Sin embargo, es débil quien utiliza sistemas autoritarios que no se plantean poner en juego dichas cualidades. Sobre los valores y la ética como presupuestos fundamentales en las relaciones humanas han escrito y hablado todos los grandes filósofos y conocedores de los estados de ánimo, desde Aristóteles y Platón hasta Kant, Hegel, Cartesio y Weber, pasando por Francesco Alberoni, quien, en el libro *El arte de liderar*, mantiene que «una misión florece y prospera cuando la gente, en cualquier nivel, se estima y respeta, cuando en lugar de odiarse colabora, cuando se ayuda, cuando no miente».

En definitiva, tanto el sentido común como el pragmatismo sugieren que el verdadero líder no sólo tiene que encarnar valores éticos y morales, sino que, además, debe saber suscitarlos y cultivarlos entre sus subordinados.

VIRTUDES Y VALORES DEL LÍDER

• La sinceridad contrapuesta a la falsedad y a la hipocresía, tan de moda en muchas organizaciones. Una reciente investigación americana demuestra que mentir comporta una gran descarga de energía para nuestro organismo, que puede repercutir negativamente en nuestra salud.
• La humildad o la capacidad para reconocer los propios errores y escuchar las sugerencias de los otros.
• La valentía, que es básica para tomar decisiones y asumir en primera persona la responsabilidad del propio trabajo.
• La generosidad, que es la capacidad de pensar sinceramente en el bienestar del prójimo, ofreciendo colaboración para promover el crecimiento personal y profesional de los trabajadores.

VIVIR CON EMPATÍA

Todo hombre confunde los límites de su campo visual con el horizonte del mundo

ARTHUR SCHOPENHAUER

Con bastante frecuencia se repite que una de las principales capacidades que debe poseer el líder es la de generar empatía entre sus interlocutores, pero ¿qué es exactamente la empatía? A modo de definición, la empatía sería la capacidad de ver la realidad desde el punto de vista de los demás, aunque, en realidad, las implicaciones de carácter psicológico y de comportamiento son mucho más profundas de cuanto se desprende de esta definición.

Antes que ninguna otra cosa, la empatía es una manera de comportamiento que reside en la personalidad, por lo que se trata del fruto de una profunda elaboración interior e, incluso, de una costumbre. Para poder despertar empatía en un individuo no tenemos que estar necesariamente de acuerdo con su punto de vista, sino simplemente respetarlo. Para generar empatía con nuestro interlocutor no tenemos que ser buenos ni la empatía es la expresión de la moralidad; se trata de una necesidad que dicta el sentido común. De manera absurda podemos considerarla un acto de sano egoísmo. Comprender el punto de vista y los deseos de nuestro interlocutor nos conduce, en efecto, a un conjunto de ventajas prácticas: por ejemplo, si un líder comprende las necesidades y los sentimientos de sus trabajadores estará capacitado para incidir de manera más eficaz en ellos. Cualquiera que se siente entendido acepta mejor la interacción con el interlocutor; en el caso del líder, el empleado será más propenso a seguir sus directrices y consejos.

Si el líder sabe atender las emociones y las necesidades reales del trabajador, obtendrá automáticamente su aprobación, incluso si este último tiene que llevar a cabo una tarea que no comparte del todo. La empatía es mucho más que decir, genéricamente, «entiendo a mi interlocutor»; significa vivir y respetar los sentimientos del otro y, sobre todo, entender que tienen importancia para él. En efecto, para entablar empatía no debemos introducirnos en la piel del otro ni actuar en función de nuestros criterios, sino ver la realidad con sus ojos, eliminando cualquier prejuicio. Obviamente, esto no siempre resulta fácil, en especial cuando conocemos poco a nuestro interlocutor. Todos somos conscientes de que pocos adoptan un comportamiento realmente empático y de que muchos líderes están convencidos de que cuanto más empáticos sean, más se aprovecharán de ellos. De hecho, sucede a menudo que una persona que respeta los sentimientos de otras es considerada débil. En realidad, esto es una excusa para esconder la incapacidad para relacionarse y

LA ESTIMA HACIA LOS JEFES

Durante mi experiencia como formador, en los cursos de liderazgo siempre surge un problema de fondo: sea cual sea el nivel, nadie siente estima por sus jefes. Lo que descorazona es que las mismas personas que se quejan del comportamiento poco comprensivo de sus superiores se comportan de la misma manera con sus subalternos. Este fenómeno se repite piramidalmente en toda relación.

dirigir a los trabajadores con un estilo participativo basado en el consenso y en el respeto recíproco.

Como sostienen James Redfield y Dee Lillegard en el famoso libro *La canción de Celestino,* las personas tienden a robarse la energía de manera recíproca, en lugar de dejarla fluir e intercambiarla. Un líder que roba energía a sus colaboradores jamás será reconocido como tal y obtendrá de ellos prestaciones de bajo nivel, además de una pobre credibilidad. Por desgracia, es común la tendencia a abusar de la propia posición de poder para desahogarnos en los que dependen de nosotros. Robar energía a los demás, aparentemente, satisface nuestra necesidad básica de seguridad y autoestima. En realidad, uno de los aspectos peculiares del liderazgo es la soledad, unida al conocimiento tácito de que mientras dirige el líder está completamente al servicio de aquellos a los que guía.

Un instrumento práctico y eficaz para conseguir empatía es el *mirroring,* que consiste en reflejar los comportamientos del interlocutor. Primordialmente, se trata de captar:

- el tono y el ritmo de la voz;
- la respiración;
- la postura del cuerpo.

El fenómeno del *mirrorin,* o reflejo, se da a menudo de manera inconsciente y espontánea cuando, por ejemplo, nos damos cuenta de que empleamos el mismo tono de voz, adoptamos la misma posición corporal o tenemos la misma frecuencia respiratoria que nuestro interlocutor. Obviamente, hay que utilizar esta técnica con precaución y tacto, pero si se aplica correctamente permite obtener resultados sorprendentes. ¡Hay que probarlo para creerlo! El motivo por el que se obtiene la empatía a través del reflejo reside en el hecho de que, a través de esta técnica, se acentúan las semejanzas y, en consecuencia, se liman las diferencias.

LOS PRINCIPIOS ESENCIALES PARA SER LÍDER

1 Líder se puede ser.

- El análisis transaccional ha demostrado que las dotes y el carácter son, principalmente, el resultado de las experiencias individuales vividas en la edad de desarrollo.
- La escuela de la motivación americana ha demostrado que cualquier persona posee en su interior el potencial para convertirse en líder y para gozar de éxito.
- Un ambiente favorable ayuda a la aparición de las dotes de líder, pero no garantiza su aprendizaje.

2 Las cualidades del líder.

- Los que hace un tiempo eran calificados como signos de debilidad de un líder hoy se consideran elementos necesarios para actuar de manera exitosa: lealtad, honestidad, responsabilidad, humildad y flexibilidad.
- El líder guía a las personas, no manda.
- El líder evita la autogratificación y no se aprovecha de sus trabajadores, porque de hacerlo se encontraría con personas desmotivadas capaces de traicionarlo a la primera oportunidad.
- Un líder está preparado para compartir con el resto de personas de su equipo las gratificaciones que se desprenden de los éxitos, puesto que sabe que también les pertenecen a ellas.
- El líder es intuitivo, no sigue la línea de opinión común y defiende sus decisiones con explicaciones racionales y creíbles.
- El líder es flexible. Sabe admitir sus propios errores, conocedor de que es corresponsable de las acciones de sus colaboradores.

3 La importancia de un posicionamiento positivo.

- Pensar de manera positiva supone ser perseverante, una de las cualidades fundamentales del líder. Él nunca renuncia, pero se adapta para resolver problemas ocasionales con la confianza de quien sabe que lo conseguirá.
- Quien piensa de manera positiva aumenta las defensas de su sistema inmunitario y enferma menos que quien es negativo y desconfiado.
- Todo individuo es aquello que cree ser, por lo que condiciona su vida a partir de la imagen que tiene de sí mismo. Según el psicoanálisis, nuestros pensamientos son los que condicionan nuestra vida: pensar bien lleva a vivir bien.

4 Confianza y valores son características indispensables de un organizador exitoso.

- El verdadero líder se adapta en todo momento para crear un ambiente donde las relaciones interpersonales se basen en la confianza mutua.
- Para crear confianza, el líder tiene que ser creíble, imparcial y respetuoso hacia sus colaboradores.
- El líder no es un manipulador. A veces puede presionar a los colaboradores, pero siempre a favor de los intereses de estos.
- Valores como la humildad, la honestidad, la valentía y la generosidad tienen que pertenecer al líder, ejemplo de los colaboradores.

5 El líder debe poder establecer empatía con sus colaboradores.

- Para crear empatía con otros también hay que ver la realidad desde su punto de vista, sin la obligación de tener que estar de acuerdo con sus ideas, pero respetándolas.
- La empatía es una manera de actuar mental y práctica que conecta con las emociones del interlocutor, favoreciendo la apertura de las personas que se sienten así aceptadas y respetadas.
- La falta de empatía en las relaciones interpersonales genera incomprensiones y conflictos.
- A través del reflejo del otro, es decir, del tono, la respiración y la postura, se contribuye de manera consciente a un proceso empático que consiste en la disminución de las diferencias y la acentuación de las semejanzas con el interlocutor.

EL LÍDER EMOCIONAL

Sin entusiasmo nunca se ha conseguido nada grande.

RALPH WALDO EMERSON

En los últimos diez años se ha hablado y escrito mucho sobre el papel de las emociones en el campo del liderazgo. El estudioso que más ha contribuido al descubrimiento de la centralidad de las competencias emocionales ha sido Daniel Goleman, profesor de psicología de la prestigiosa Universidad de Harvard. En realidad, ya en 1927, Freud había puesto de manifiesto que las emociones son la única vía posible para acceder al estrato más profundo de la psique humana y que están directamente relacionadas con nuestros mecanismos decisivos y los procesos de comunicación. En el mundo de las organizaciones y las empresas, la revaloración de las competencias emocionales ha determinado una revolución histórica todavía en sus inicios y que aún está por difundirse ampliamente en nuestro país. Hoy se nos valora no sólo por la inteligencia racional y las competencias técnicas, sino también por nuestra habilidad para relacionarnos con los demás.

Los nuevos criterios para valorar el potencial humano, nuevos sólo para el mundo occidental, pero milenarios en las culturas orientales, apuntan principalmente hacia capacidades como la iniciativa, la empatía, el autoconocimiento, la adaptación y la capacidad de ser persuasivos. Goleman afirma que la investigación ha aislado con gran precisión las cualidades que hacen que un individuo sobresalga del resto. Tales cualidades están ligadas a la esfera emocional del cerebro, a la cual se denomina «inteligencia emocional». Además, ha afirmado, en otras ocasiones, que «las personas que saben controlar sus emociones son capaces de vivir los momentos de cambio sin pánico». En un mundo en continuo movimiento, dicha capacidad es vital para la supervivencia; de hecho, la capacidad de adaptación de los seres vivos es una ley fundamental de la naturaleza. Controlar las propias emociones no significa en absoluto no sentir emociones, sino simplemente saberlas gestionar y contextualizar. Las personas frías, que no sienten emociones, representan la negación de la creatividad, de la pasión, del entusiasmo. En las organizaciones, estos elementos emocionales son cada vez más importantes en la lucha por la supervivencia.

El propio término *emoción* indica movimiento y energía que se demuestran hacia el exterior, además de soportar ciertos matices de autenticidad. Los estudios sobre la inteligencia emocional han demostrado que en la evolución del individuo no sólo son importantes las competencias de la esfera lógico-racional. Cuentan, sobre todo, aquellas inherentes a la parte más arcaica de nuestro cerebro, o sea, al sistema límbico (véase el último apartado de este capítulo), sede de los centros emocionales. En su libro *La práctica de la inteligencia emocional*, Goleman habla de *primal leadership* (liderazgo primario) y afirma que «los grandes líderes saben quemarse»: encienden nuestro entusiasmo y nos animan, sacando a la luz lo mejor de cada uno de nosotros. Cuando intentamos explicar el secreto de su eficacia, hablamos de estrategia, amplitud de horizontes, carga ideal. En realidad, la grandeza de un liderazgo tiene su base en algo más primitivo: la capacidad de actuar sobre las emociones.

Siempre según Goleman, «el poder particular de las emociones se justifica a través de su papel crucial en la supervivencia. A través de las emociones, el cerebro nos envía un mensaje de alarma y ofrece inmediatamente un plan de acción».

La incapacidad de ciertos líderes para conectar con el hemisferio derecho, el que desarrolla las emociones y, por lo tanto, saber instaurar buenas relaciones interpersonales, rebaja el nivel de productividad de los trabajadores: conflictos, frustraciones, desmotivación, hastío, cólera y apatía son las situaciones que encontramos en el equipo de trabajo que gestionan estas personas. Por lo tanto, la diferencia entre líderes buenos y mediocres está determinada en gran parte por sus propias competencias emotivas. Las organizaciones de los países más evolucionados han considerado tales estudios y en la actualidad se atribuye más importancia a las capacidades relacionales y a la empatía que a los conocimientos técnicos, en lo que se refiere a la selección y valoración de personal cualificado.

EL PAPEL DEL CONOCIMIENTO DE UNO MISMO

El camino para ser un líder eficaz pasa, por lo tanto, por el conocimiento de uno mismo y de las emociones, por la capacidad de autocontrol y por crear empatía con los trabajadores. Goleman sostiene que el conocimiento de uno mismo debe situarse en la base de cualquier planteamiento. No se puede no estar de acuerdo con tal afirmación, a la luz de la sabiduría oriental, que desde siempre ha situado dicho conocimiento en el centro del desarrollo humano. Lo que ha hecho Goleman, simplemente, ha sido proporcionar fundamento académico y científico a aquello que desde hace miles de años defienden los sabios orientales.

Si un líder no se conoce personalmente y, por lo tanto, no conoce sus emociones, no puede entender las de los demás; el buen liderazgo debería conocer en todo momento las emociones de los otros. Conocerse uno mismo significa tener el control. Cuando nos encontramos ante una situación que desencadena nuestra ira, las emociones se disparan y perdemos el control sobre nosotros mismos, realizando acciones de las que después nos arrepentimos. Un líder que sabe autocontrolarse gestiona tales ímpetus y pospone las emociones para más adelante, puesto que sabe que, ante tal situación, la visión de la realidad no es la correcta. Un líder que es incapaz de controlar su rabia y que tiende a dramatizar las situaciones, dará un mal ejemplo a sus colaboradores. Incluso el derecho, que parte de la lógica y, por definición, es racional, tiene en cuenta dicho principio y no imputa a una persona un acto que comete cuando no está en plena posesión de la capacidad para entender y querer. Un rapto, un arrebato, es una bomba emotiva donde la capacidad lógica del individuo está ausente.

Incluso si cometemos un delito cuando estamos en medio del desorden de un tumulto, podemos gozar de una circunstancia atenuante de la pena, puesto que se considera que en tales circunstancias aumentan nuestras emociones, a pesar de que no perdamos el raciocinio.

El líder con conocimiento de sí mismo es realista, juez imparcial, y tiene sentido del humor. Muchas investigaciones, entre ellas las de Goleman, mantienen que la risa es el medio de conexión de los dos hemisferios cerebrales, por lo que está capacitada para conectar nuestro componente emocional. Por ejemplo, si un líder tiene que hablar en público y está ansioso, lo mejor que puede hacer es declararlo irónicamente al auditorio: la autoironía podrá tener un efecto de catarsis y se traducirá en un aplauso o en risas entre el público, que proporcionarán un apoyo emotivo al líder, lo que le permitirá recuperar el control. Otras importantes y relevantes investigaciones neurológicas han evidenciado que saber conectar con las propias emociones ayuda a interpretar los datos disponibles de mejor manera que a través del pensamiento lógico-racional, puesto que entramos en contacto con nuestra memoria emocional, donde se deposita un mayor número de información. Ello favorece, por ejemplo, el proceso de decisión. En otras palabras, como apunta el propio Goleman, «la intuición ofrece al líder un acceso directo a la experiencia acumulada respecto a una cuestión en particular», es decir, un análisis lógico que se efectúa desde el subconsciente. Un líder que expresa de manera apropiada sus sentimientos aumenta su carisma entre sus colaboradores, puesto que de tal manera manifiesta emociones auténticas y relacionadas, por lo general, con los valores que la gente siente.

LA IMAGEN DEL YO

> *Todo lo que la mente consigue concebir y creer puede realizarse.*
>
> NAPOLEÓN BONAPARTE

La imagen del yo representa la visión que cada uno tiene de sí mismo. Se dice que los pensamientos producen las acciones. Dicha imagen de nosotros mismos se ha formado en el tiempo, sobre todo durante los cinco-seis primeros años de nuestra vida, principalmente desde el subconsciente.

Las experiencias pasadas, positivas y negativas, inciden de manera determinante en la creación de nuestra personalidad actual. Todo lo que hacemos, sentimos o percibimos, además de nuestra capacidad, está determinado por la imagen que nos hemos creado en el pasado. Si una persona se siente perdedora, muy probablemente fracasará en la mayoría de acciones que lleve a cabo: lo que hacemos se corresponde con lo que somos. Por coherencia, tendemos a confirmar con nuestras acciones nuestra propia imagen. Paradójicamente, nuestro inconsciente nos empuja a menudo hacia la dirección que determina la imagen que tenemos de nosotros mismos. Por ejemplo, si pensamos que no estamos hechos para desenvolvernos entre instrumentos tecnológicos, tendremos muchas dificultades para manejar un ordenador. E, incluso, si actuamos y pensamos resentidos, seguramente atraeremos hacia nosotros acciones de dicho tipo, procedentes de personas sobre las cuales proyectamos pensamientos negativos. Basta con que pensemos en la mala suerte para que, como por arte de magia, nuestras acciones y las de los otros acaben por producir los efectos pensados o imaginados.

Así pues, la imagen del yo constituye una premisa fundamental que condiciona nuestra manera de actuar y nuestros resultados. No es difícil imaginar qué importante es para un líder tener una buena imagen de sí mismo y ayudar a los trabajadores para que mejoren la suya. Nuestro comportamiento no está determinado por la voluntad ni nace de la racionalidad, sino que se debe, sobre todo, a nuestra imaginación. Todos actuamos de acuerdo con lo que creemos que es verdadero o según modelos y costumbres aprendidos en el pasado.

EL EFECTO PLACEBO

Pensemos, por ejemplo, en el efecto placebo: quien toma un medicamento placebo, es decir, sin principio activo y está convencido de que se está administrando una medicina real, pensará que desarrolla efectos beneficiosos y, muy probablemente, lo hará. Nuestro sistema nervioso no está capacitado para diferenciar entre experiencia imaginaria y experiencia real, puesto que en ambos casos se activa a partir de datos que recibe del cerebro. En otras palabras, actúa en función de lo que cree que es verdadero. A partir de esta regla fundamental emerge la razón por la que las técnicas de relajación fundadas en imágenes o situaciones imaginadas tienen un efecto beneficioso para nuestra psique y nuestro físico. Este mecanismo creativo del sistema nervioso y del cerebro se constituye como la base de la imagen del yo: como ha contribuido a su delineación de manera inconsciente en un momento de nuestra vida en que no teníamos pleno conocimiento de nosotros mismos, podemos utilizarlo conscientemente para crear una nueva y mejor imagen a la que ajustarnos.

No es fácil cambiar la imagen de uno mismo y hacerlo presupone un largo proceso interior, pero, en cualquier caso, se trata de un modo eficaz para mejorar la personalidad. Si queremos modificarla, de una manera u otra, tendremos que acostumbrarnos a vernos en un nuevo papel, aún más cuando se reconoce universalmente que la mayor parte de las personas se infravalora y no creen en las enormes potencialidades que poseen. También hay quien, por el contrario, parece sufrir un complejo de superioridad, pero en lo más profundo de su yo siente, generalmente, sentimientos de inferioridad. Superioridad e inferioridad son dos caras de la misma moneda.

Por lo tanto, para mejorar es indispensable seguir algunas reglas.

• Creer en las potencialidades latentes; para cualquier líder es básico hacerlo, tanto para él mismo, como para sus colaboradores. En definitiva, la actividad del líder tiene como objetivo facilitar el crecimiento de las capacidades de los miembros de su equipo, puesto que es la única manera de crear buenos escenarios.
• Entender qué y quién se quiere ser.
• Una vez imaginados nosotros mismos en una nueva piel, hay que provocar que nazca un deseo profundo de convertirnos en aquello que hemos pensado.

Lo apenas expuesto es el mecanismo creativo del éxito, pero, desgraciadamente, también es válido en sentido opuesto, puesto que si nos creamos una imagen negativa de nosotros mismos, nos ajustaremos a lo que esta dicte.

Por lo tanto, para conseguir el éxito es necesario creer en uno mismo, y para creer en uno mismo hay que haber vivido experiencias exitosas. Parece un pez que se muerde la cola, pero es así. Para alcanzar el éxito hay que hacer un acto de fe y creer en la propia capacidad. Obviamente, al principio es difícil, pero necesitamos sólo un pequeño progreso para motivarnos y conseguir otro más grande. De esta manera, el éxito se retroalimenta. Un dicho reza: «Nada tiene tanto éxito como el éxito». No podemos esperar que este llegue solo; las circunstancias en que se vive son imperfectas y el pesimismo y los obstáculos en el camino son del todo naturales, y el éxito no es un caso aparte. Para cambiar a positiva la imagen de nuestro propio yo tenemos que transformarnos de manera sustancial en la persona que queremos ser y perseguir nuestros objetivos. Tenemos que pensar en el resultado final como en una posibilidad del presente. Gracias a nuestra imaginación debemos visualizar nuestra nueva imagen con una extrema claridad y, sobre todo, las sensaciones positivas que nos produce. En resumen, tenemos que ver el resultado final como un hecho gracias al cual nacerá un deseo en nosotros de ser como hemos imaginado. A partir de entonces aparecerá nuestra voluntad, que, a su vez, activará los recursos para la consecución efectiva de nuestras metas.

Tenemos que acostumbrarnos a ver nuestra nueva imagen en nosotros mismos, porque el 95 % de nuestras acciones es fruto de costumbres. En el camino hacia el cambio de nuestra imagen aparecen las sombras del fracaso, que necesitan un precalentamiento que consiste en nuestra concentración sobre todo lo positivo que hayamos conseguido. A modo de ejemplo, hace ya algún tiempo, en un curso de formación que dirigía, me enfrenté con un participante. A pesar de tener toda la razón del mundo para defenderme, el resto de asistentes también manifestaron una valoración negativa del curso. Al principio me sobrevino un sentimiento de frustración y fracaso. Para reconducir mis sentimientos hacia el camino correcto, empecé a pensar en los cursos en que los alumnos habían expresado un agradecimiento extremamente alto. Funcionó y, casi repentinamente, retomé mi propia imagen de mi yo y me tranquilicé. Este es el mecanismo mental que tiene que adoptar un líder ante momentos difíciles y el que debe transmitir a sus colaboradores. El mecanismo creativo del cerebro puede utilizarse no sólo para cambiar la imagen que uno tiene de su yo, sino también para visualizar de manera positiva lo que hay que hacer. Por ejemplo, antes de una reunión importante con un trabajador, con el jefe o con un cliente, es bueno previsualizar la situación delineando su desarrollo a partir de una óptica en todo momento positiva. Debemos imaginar la situación como ya vivida, utilizando los sentidos y experimentando emociones de cualquier momento de la futura reunión y de cómo queremos que se desarrolle. Seguramente partiremos con ventaja en la reunión, puesto que, como mínimo, no habremos permitido que nuestra mente haya creado pensamientos negativos al respecto.

EL LÍDER TRANSACCIONAL

Nadie puede hacer que os sintáis inferiores sin vuestro consentimiento.

ELEONOR ROOSEVELT

Eric Berne sostiene que «si dos personas se encuentran, antes o después, una se pondrá a hablar y dará algún signo de haber percibido la presencia de la otra: a este estímulo se le llama transaccional. La otra persona, llegados a ese momento, hará y dirá algo con relación a aquel estímulo, y es a eso a lo que denominamos respuesta transaccional. La unidad de relación interpersonal recibe el nombre de transacción».

Eric Berne es el estudioso que ha elaborado la teoría del análisis transaccional, que examina las relaciones entre personas y los juegos que se establecen entre ellas. Con el término *juegos* se entienden los comportamientos relacionados que reflejan nuestros esquemas prefijados y que repetimos en cualquier situación de relación para reforzar nuestras convicciones. Muchos de dichos juegos tienen sus raíces en nuestro inconsciente, por lo que, a menudo, tendemos a repetir comportamientos sin darnos realmente cuenta. En los líderes, tales comportamientos inconscientes pueden ser peligrosos en su acción de guía de los trabajadores. Si, por ejemplo, un líder tiende a prevaricar con los otros, también lo hará con los trabajadores, quienes, consecuentemente, no dispondrán de facilidades para sacar a relucir su talento y la relación con el jefe se convertirá en problemática.

El análisis transaccional es, pues, un instrumento válido para conocernos a nosotros mismos y para mejorar las relaciones con los trabajadores. Todo comportamiento nace en nuestro pasado propio y varía en función de los estímulos que damos y recibimos. Aislar las respuestas aprendidas y utilizadas en el pasado nos ayuda a entender mejor quiénes somos en la actualidad y a modificar los comportamientos que obstaculizan una buena acción como líderes. El punto de partida es el estudio de los estados transaccionales, clasificados en *padre, adulto y niño*, que pueden utilizarse de manera alternada o combinada en función del momento o de las circunstancias. Este esquema transaccional también se conoce como «estados del yo» y, a la vez, representa comportamientos positivos y negativos; lo importante es conocerlos y aislar cuál de los tres es más apropiado en el contexto en que se desarrolla la relación.

Veamos en detalle en qué consisten, cómo se generan y cómo reconocerlos.

• **Padre.** Nace de las directivas y de las atenciones recibidas desde el mundo de los adultos durante la infancia, sobre todo en los primeros cinco-seis años de vida. Si el líder emplea de manera principal este estado del yo en su relación con los trabajadores, tiende a ser directivo, paternalista o autoritario. Seguramente no se trata de la relación óptima o, al menos, son pocas las situaciones en las que se aconseja ser un «padre».

• **Adulto.** Es el estado ligado a la lógica del individuo que se pregunta sobre el porqué de las cosas. El niño, desde los diez meses, empieza a ser consciente del mundo externo y desarrolla una visión «pensada» que se basa en la elaboración racional de los datos internos y externos. La mayor parte de las situaciones con las que el líder tiene que enfrentarse en su trabajo diario requieren una aproximación adulta: análisis, control de la emotividad y valoración objetiva de las situaciones y problemas son las armas ganadoras de un buen líder.

• **Niño.** Las emociones caracterizan este estado del yo que se forma en los primeros cinco-seis años de vida, durante los cuales el individuo no es del todo capaz de elaborar el significado de las cosas. La impulsividad y la creatividad son sus principales características. No se debería pensar que un líder pudiera utilizar este estado del yo en sus relaciones, salvo en aquellos rarísimos casos en los que hay que desdramatizar las situaciones o pensar de manera creativa.

Estos estados del yo emergen en cualquier persona cuando se relaciona con el resto, por lo que, considerando la posición de poder del líder, en la reciprocidad entre las partes, es este quien condiciona el estado del yo del interlocutor. Por ejemplo, si el líder adopta el modelo de padre, es probable que induzca al trabajador a aplicar un estado del yo de niño. Una transacción de este tipo, conocida como cruzada, no representa el terreno más fértil para establecer una buena comunicación. Por el contrario, al utilizar un estilo adulto, el colaborador estará inducido a funcionar de la misma manera. Debemos recordar que, en todo caso, en el ámbito laboral, aunque también ante cualquier realidad, la relación adulto-adulto es la más apropiada.

CÓMO USAR LOS ESTADOS TRANSACCIONALES

Un ejemplo puede ser útil para entender de qué manera hay que aplicar las diferentes modalidades de relación. Pensemos en cuando nos para la policía por haber cometido una infracción del código de circulación o para un simple control; muy probablemente, el estado del yo del policía, visto el trabajo que desarrolla, será el de padre. Si nuestra manera de responder sigue los parámetros del padre o el niño, las posibilidades de conseguir que el agente sea indulgente con nosotros disminuyen de manera notable. Nuestro objetivo debe ser llevarlo a un estado del yo adulto para que su valoración sea razonada y objetiva de acuerdo con la situación: por consiguiente, debemos adoptar el estado del yo adulto.

Sobre la predisposición para elegir un estilo mental u otro en las relaciones interpersonales, el análisis transaccional ha desarrollado el concepto de «bondad». Con tal término se entiende el modo en que un individuo se ve respecto a los otros.

El análisis transaccional divide las situaciones de relación en cuatro posibilidades diferentes.

LA BONDAD

Yo	El otro
1 No estoy bien	No estás bien
2 No estoy bien	Estás bien
3 Estoy bien	No estás bien
4 Estoy bien	Estás bien

1. Yo no estoy bien. Tú no estás bien. El líder que se relaciona mentalmente de esta manera considera que tanto él como sus trabajadores no están a la altura de la situación, evita enfrentarse a estos y los desmotiva constantemente. Deja al azar sus actuaciones, no tiene autoestima ni valora a los otros, no toma decisiones ni asume lo que ocurre. A su vez, los trabajadores tienden a mantener el mismo comportamiento mental y se sienten frustrados.

2. Yo no estoy bien. Tú estás bien. En esta posición, el líder se sitúa en un estadio de inferioridad respecto a sus trabajadores y no confía en sí mismo. Deja mucho espacio a los otros, porque no se siente capacitado para tomar decisiones, y, obviamente, nadie lo reconoce como líder. Tal vez, su sentimiento de inferioridad le lleva a aceptar tareas muy por encima de su capacidad, pensando poder compensar así su falta de confianza. En los equipos de trabajo crecen los conflictos y la rivalidad, por lo que la situación puede derivar en la anarquía por falta de reglas, control y puntos de referencia precisos. Además, se corre el riesgo de que cualquier trabajador esté tentado a sustituir al líder, lo que generaría todavía más confusión en el equipo.

3. Yo estoy bien. Tú no estás bien. Este líder es un perfeccionista que tiende a centralizarlo todo: no delega casi nunca, porque no confía en los trabajadores. Dirige y coordina para obtener, con este posicionamiento, un beneficio para su propio ego. La relación con los trabajadores se desarrolla a través de un comportamiento de padre. Controla estrictamente el trabajo de estos, quienes, como es lógico, hacen lo menos posible por miedo de ser llamados a la atención. Desmotivación y resignación describen el clima de trabajo del equipo.

4. Yo estoy bien. Tú estás bien. Seguramente se trate de la mejor posición comunicativa y de relación. Es la que se da cuando la relación mental es del tipo adulto-adulto. El líder, con dicho estado mental, cree en su propia capacidad y en la de sus trabajadores. Valoración mutua, confianza y objetividad definen el clima de trabajo del equipo. Capacidad de análisis, propensión a la decisión y buena comunicación son las características de la actuación del líder.

EL ESTRÉS: ¿AMIGO O ENEMIGO?

Son más las cosas que nos asustan que las que efectivamente nos hacen daño, y nos preocupan más las apariencias que los hechos reales.

SÉNECA

El estrés es una condición física y psíquica de presión —tal vez opresión— causada por la concomitancia de excesivas cargas de trabajo, obligaciones y deberes. El estrés nace, en todo momento, en el cerebro, por lo que depende de la manera en que uno percibe lo que le acontece: una percepción negativa conlleva la provocación de frustración y desilusión, desarrollar formas de depresión, pretender de uno mismo lo máximo en cualquier situación, rechazar las felicitaciones, renunciar a momentos agradables, etc.

Según el psicólogo Posen, somos nosotros mismos quienes producimos estrés, por lo que podemos hacer mucho por combatirlo. En realidad, no es difícil compartir tal pensamiento: basta con pensar que es absolutamente cierto que su origen, salvo en casos extremos, no es objetivo, sino subjetivo. Ello significa que un mismo estímulo en una persona puede generar estrés negativo y en otra, indiferencia o, incluso, estrés positivo. Por ejemplo, para una persona que ama la lectura y nunca dispone de tiempo para leer, el hecho de ser trasladada a un lugar de trabajo a una hora de tren de su vivienda significará un cambio bien recibido, que no le producirá ningún tipo de estrés («¡Por fin dispongo de dos horas diarias para leer!»). Sin embargo, quien tiene otros intereses, como ir al gimnasio, como no podrá hacerlo con la misma asiduidad, verá una fuente de estrés en el mismo cambio.

El estrés puede tener una valoración negativa (distrés) o positiva (eustrés).

• El estrés negativo (distrés) provoca la producción de adrenalina y noradrenalina, y actúa sobre las hormonas corticoides estimulando las áreas de la insatisfacción, de lo desagradable, la tensión y el disgusto. Cuando se entra en el distrés se reducen las prestaciones, la eficiencia física y la productividad intelectual.

• El estrés positivo (eustrés) actúa sobre las hormonas sexuales y el sistema parasimpático, y produce una sensación de placer, de alegría y de felicidad. El eustrés aumenta la atención, la concentración y la velocidad de ejecución.

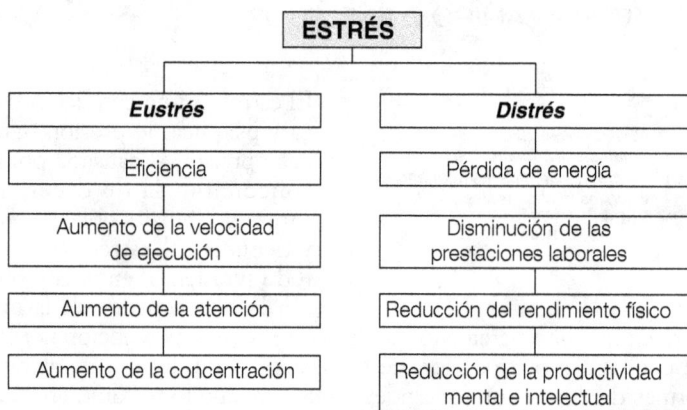

ESTRÉS	
Eustrés	**Distrés**
Eficiencia	Pérdida de energía
Aumento de la velocidad de ejecución	Disminución de las prestaciones laborales
Aumento de la atención	Reducción del rendimiento físico
Aumento de la concentración	Reducción de la productividad mental e intelectual

Velocidad, eficiencia, productividad e implicación son los imperativos de una sociedad en constante cambio. El buen líder tiene que saber gobernar el estrés en el ambiente en el que trabaja, impidiendo que se transforme en un enemigo y que incida negativamente en el clima y la productividad. Cuando las personas alcanzan un nivel de estrés excesivo empiezan a cometer errores, ralentizan su trabajo y, a veces, tienden a quedarse en casa para evitar condiciones de trabajo estresantes. El ansia, el estrés y las preocupaciones tienden a absorber nuestra energía vital, que, paradójicamente, se reconducirá hacia cualquier otro lugar para difundir el malestar físico-psíquico causado por el estrés. Además, el estrés negativo induce a que las personas presenten reacciones agresivas y, en casos extremos, autodestructivas. Las relaciones interpersonales, básicas para el buen resultado de una organización, se minan de manera constante debido al exceso de estrés que, en los ambientes de trabajo, pero no sólo en estos, es causa de la mayor parte de los conflictos que surgen y, sobre todo por ser los más peligrosos, de los que no aparecen. Los problemas adoptan dimensiones gigantescas y parece que son imposibles de resolver, por lo que su efecto destructivo se traspasa a todo el equipo de trabajo. Para evitar ser víctima del estrés negativo es importante que el líder tenga un profundo conocimiento de sí mismo y sepa controlar sus emociones. La aceptación de sí mismo representa el paso más importante mientras aprende a convivir con las siempre presentes dificultades.

LOS RIESGOS DE LOS OBJETIVOS IRREALES

Otro elemento fundamental para la gestión del estrés son los objetivos. Si un líder plantea objetivos irreales, ello no puede conducir a otra cosa que a la generación de frustración entre sus trabajadores. Una encuesta sobre el estrés en las empresas realizada por la publicación mensual parisina *Management* ha puesto en evidencia los riesgos que conlleva el estrés laboral y sugiere algunos consejos para evitar la desesperación de los trabajadores de la empresa, sean jefes o subordinados. Según la encuesta, resulta fundamental desdramatizar el trabajo mediante la disminución de los sentimientos de culpabilidad que surgen al no cumplir los objetivos, midiendo estos últimos en función de la capacidad, el tiempo de que se dispone y la situación de mercado, y siendo más realistas en lo que se refiere a las posibilidades de consecución.

Cabe recordar que la creencia común de que cuantas más horas se pasen en el trabajo más se produce es, por lo general, engañosa. En realidad, sólo es necesario trabajar lo justo para permitir a nuestra mente y a nuestro físico relajarse y recuperar eficiencia. Resulta sorprendente que existan todavía hoy muchos líderes que no se dan cuenta de que trabajar demasiado disminuye la eficacia en el trabajo.

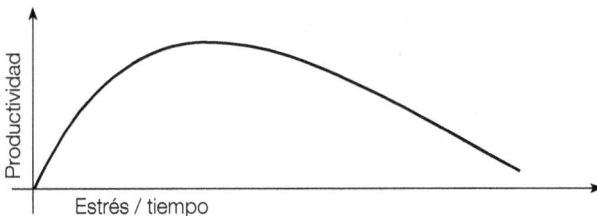

Lo más preocupante es que muchos estudios científicos desarrollados en todo el mundo han demostrado la directa correlación entre el estrés negativo, la aparición de enfermedades psicosomáticas y la creciente debilidad del sistema inmunitario. En Europa se ha asistido, en los últimos diez años, a un progresivo aumento de las enfermedades relacionadas con el estrés, y las proyecciones para el futuro confirman la tendencia alcista. Incluso para la OMS (Organización Mundial de la Salud), el estrés laboral es un fenómeno endémico del mundo industrializado que amenaza la salud colectiva de este nuevo milenio. De hecho, según Goleman, las sustancias bioquímicas que produce el cerebro en condiciones de estrés permanecen en nuestro organismo durante horas, inhibiendo la producción de nuevas sustancias que favorezcan, por ejemplo, la creatividad. Ello explica por qué no generamos ideas cuando estamos en condiciones de gran estrés y los problemas nos parecen que no tienen solución, con lo que se frena fuertemente la capacidad decisiva. Todavía según Goleman, un líder, debido al papel que desempeña y a sus responsabilidades, está extremamente expuesto a la posibilidad de acumular excesivas dosis de estrés. Además, por querer aumentar el propio poder, el cuerpo reacciona segregando una mayor cantidad de adrenalina y noradrenalina (hormonas del estrés). El estrés que provoca el liderazgo tiene, además, otro efecto colateral no deseado: si es intenso y prolongado en el tiempo, el cerebro reacciona y crea cortisoles, obstaculizadores del aprendizaje y la creatividad que destruyen las células cerebrales esenciales para el aprendizaje. Por ello, resulta evidente que el liderazgo, para ser eficaz y no desembocar en el estrés negativo en los trabajadores, tiene que llevarse a cabo en condiciones en que las personas se sientan seguras pero, a la vez, no tan relajadas como para perder cualquier estímulo o motivación para actuar o proceder. Así pues, el líder tiene que crear, para él y para sus colaboradores, las condiciones de seguridad psicológica necesarias para experimentar e innovar sin temer demasiado las consecuencias de fracasos puntuales.

Con objeto de evitar la presión del estrés negativo también es conveniente seguir algunas reglas:

• Introducir cambios graduales, puesto que existe una probabilidad de éxito mucho mayor que con los cambios que no se prevén: los primeros entran en nuestro estilo de vida poco a poco, mientras que los segundos se observan de manera escrupulosa durante unos días para posteriormente ser olvidados.
• Evitar llevar el trabajo a casa. Es mejor optimizar todo lo posible la eficacia de la jornada laboral.

• No confundir la actividad con los resultados.

• Durante una jornada particularmente intensa, llevar a cabo un ciclo de relajación físico-psíquica para alejar el estrés y recuperar energías físicas y mentales. Pararse es la mejor manera de recuperar una visión de conjunto de la vida y encaminarse hacia donde uno se quiere dirigir.

• Aprender a dormir bien.

• Preguntarse cómo se está viviendo la situación en la que uno se encuentra y si existen alternativas para afrontarla.

• Reconsiderar la escala de valores y otorgar la carga justa a cada uno de ellos.

• Participar en actividades que satisfagan y respondan a los intereses reales (practicar deporte, viajar, dedicar tiempo a las aficiones...).

• Aprender a cultivar el sentido del humor, puesto que saber reírse de uno mismo significa no tomarse demasiado en serio las cosas.

• Tener en cuenta la posibilidad de huir del estrés: más que sucumbir y encontrarse mal, es preferible cambiar de trabajo o dejarlo temporalmente, cogiendo vacaciones.

CAUSAS DE ESTRÉS LABORAL

La Dirección General de Empleo y Asuntos Sociales de la Comisión Europea ha individuado cuáles fueron en el año 1999 las causas más frecuentes de estrés en los ambientes de trabajo. Son las siguientes:

• cantidad excesiva o insuficiente de trabajo a efectuar;
• tiempo insuficiente para llevar a cabo el trabajo de manera satisfactoria para el propio líder y el resto de personas;
• falta clara de descripción del trabajo a desarrollar o de una línea jerárquica;
• falta de valoración y de reconocimiento;
• recompensa insuficiente no proporcional a la prestación;
• imposibilidad para exponer quejas;
• responsabilidades no acompañadas de autoridad o poder de decisión adecuados;
• falta de colaboración y apoyo por parte de superiores, colegas, subordinados;
• imposibilidad para sacar a relucir el talento o la capacidad de una persona;
• falta de control o de orgullo por el producto acabado en el trabajo;
• precariedad del puesto de trabajo, incertidumbre respecto a la posición que se ocupa;
• condiciones de trabajo insatisfactorias o trabajo peligroso;
• posibilidad de que un pequeño error o una desatención puedan tener consecuencias graves o desastrosas.

APUNTES DE NEUROFISIOLOGÍA DEL LIDERAZGO

Por Ernesto Rizzo, psiquiatra

Quien ocupa posiciones de mando tiene que ser responsable de lo que piensa, por lo que es necesario que se conozca y sepa controlarse. Cuando el cerebro está bajo control produce más ideas y genera satisfacción; por lo tanto, creando bienestar se consigue el estímulo para aprender cosas nuevas.

Un líder, debido a la función que desarrolla, recibe estímulos del ambiente en que trabaja y del equipo con el que se relaciona. Prevenido de los estados emocionales gracias a su inteligencia, tiene que ser capaz de elaborar nuevas ideas y planes de intervención que deben aplicarse en el seno del grupo del que es responsable. Para ello no tiene que ser impulsivo ni demasiado autoritario, sino que debe poseer una válida y harmoniosa capacidad de autocontrol. El líder está obligado a proyectar, pero también a controlar sus impulsos agresivos, a conocer sus emociones y las de sus colaboradores, y a comportarse en consecuencia. Para poder hacerlo con éxito tiene que saber cómo funciona su pensamiento, puesto que si está bien gestionado conseguirá abastecerlo de la carga necesaria para asumir comportamientos correctos que lo convertirán en una persona ganadora.

Por poner un ejemplo fácil y comprensible de neurofisiología referente a cómo reaccionamos ante los estímulos, pensemos en lo que sucede en nuestro cuerpo cuando nuestra mano toca, sin darse cuenta, una olla caliente. Los receptores sensitivos de la piel, una vez advertido el estímulo doloroso, envían impulsos a través de la neurona sensorial hasta la médula espinal. Entonces, dicha neurona excita a una segunda, llamada neurona motor. La respuesta de esta segunda neurona, que parte de la médula espinal, viaja entonces hasta los nervios de los músculos de la mano. Los músculos se contraen y la mano se aleja de la olla caliente, instintivamente y sin que haya intervenido nuestra voluntad. Este mecanismo recibe el nombre de arco reflejo, porque la acción se refleja desde el centro nervioso hacia la periferia, en este caso al músculo. Los arcos reflejos son sistemas de defensa comunes entre los hombres y los animales, incluso entre aquellos menos evolucionados.

En las especies más evolucionadas, como el hombre, entre la neurona sensitiva y la neurona motor existe, además, una tercera neurona (durante la evolución se han formado, de hecho, otras complejas estaciones neuronales de intermediación hasta el desarrollo actual del cerebro). El impulso que entra en la médula espinal puede tomar el camino más corto y llegar directamente a la neurona motor, o bien dirigirse directamente al cerebro, que podría decidir no retirar la mano, a pesar de que lo sugiera el instinto. Supongamos, por ejemplo, que queremos quitar del fuego la olla llena de agua hirviendo para ponerla en la mesa de al lado. Durante el trayecto conseguimos resistir al estímulo de retirar la mano para llegar a la mesa y dejar la olla. El dolor provocado por el calor nos induciría a dejar caer la olla, pero el estímulo se mantiene bajo el control de la tercera neurona, que a su vez envía impulsos al cerebro. El cerebro valora qué problema se produciría si cayese la olla al suelo, por lo que anula la información que debería ir a la neurona motor, con lo que la acción refleja de retirar la mano de la olla caliente se inhibe, a pesar del dolor que provoca. En otras palabras, la respuesta del arco reflejo puede quedar anulada por la voluntad.

MUCIO ESCÉVOLA

La fuerza de la decisión del cerebro puede alcanzar resultados impensables, como en el caso de Mucio Escévola, legendario héroe romano que entró en una plaza etrusca para matar al rey Porsenna. Equivocado, mató a su secretario, por lo que, para castigarse por el error, se hizo quemar la mano. De esta manera, percibimos en el cerebro lo que está ocurriendo y tomamos la decisión más correcta en función de las circunstancias.

La activación del arco reflejo constituye una situación muy significativa, puesto que presenta un conflicto entre dos tendencias opuestas: dejar caer la olla o aguantarla. Procesos de arco reflejo, de manera integrada e inteligente, se dan todos los días cuando el líder propone respuestas nuevas para la empresa o toma decisiones. La ambigüedad del mensaje, las reglas sociales, las necesidades empresariales, todo son factores de contraposición cuando se enfrentan con la obligación del líder de proporcionar ideas alternativas. Por ello, es fácil que en su ánimo surjan conflictos que ocupen su cuerpo y su mente, pero su inteligencia tiene que saber encontrar la respuesta adecuada que los resuelvan. No obstante, si el conflicto se alarga demasiado en el tiempo, surgirá el ansia.

En el cerebro existen muchas áreas asociativas que sirven para integrar las sensaciones, para conservar la memoria y para realizar procesos de idealización, de conciencia y de voluntad. Gracias a tales incesantes intercambios de información, el líder asume una conducta, vive sus emociones, toma iniciativas y adopta estrategias a medio y largo plazo.

El líder tiene que prestar atención a su cuerpo, por ejemplo a los músculos que le informan de los movimientos y de las posiciones que asume, y tiene que ser consecuente con sus sensaciones, como las de calor, frío, dolor, o las sensaciones de los órganos internos (frecuencia cardiaca, respiración, presión arterial, sudoración), que casi siempre son independientes de los estímulos externos, pero que se ponen sobre la mesa cada día cuando el jefe se enfrenta a problemas de su actividad cotidiana. Por ello, conocer su funcionamiento es muy importante.

EL FUNCIONAMIENTO DEL SISTEMA NERVIOSO

Todos los órganos internos se activan a través del Sistema Nervioso Vegetativo (SNV), también llamado autónomo, porque está fuera del control de la voluntad. Mientras que el Sistema Nervioso Central (SNC) controla los movimientos del cuerpo y la percepción de las sensaciones del mundo externo, el SNV controla el corazón, los vasos sanguíneos, los pulmones, el estómago, el intestino, el hígado, los riñones, las glándulas, la piel. Puesto que para regular las diferentes partes del cuerpo el SNV necesita estímulos o frenos, existe una doble y antagonista inervación de los órganos. Dicha regulación se da en los sistemas ortosimpático y parasimpático.

• El sistema ortosimpático produce el aumento de la temperatura corporal y del azúcar en la sangre, la dilatación de las pupilas, la constricción de los vasos sanguíneos, la aceleración del corazón, la ralentización del intestino. Tales respuestas se interpretan como reacciones de ataque o de fuga ante estímulos ambientales desfavorables.
• El sistema parasimpático, en cambio, reduce las pupilas, ralentiza el ritmo cardiaco, dilata los vasos, acentúa los movimientos intestinales. En la práctica, está adecuado para la relajación de los órganos, la recuperación, la vuelta a la normalidad del organismo. Por ejemplo, regula las funciones digestivas, reduce la frecuencia cardiaca, la presión arterial, etc.

A grandes rasgos, podría decirse que, en caso de preponderancia de la actividad ortosimpática, el líder tenderá a trasladar toda su atención a enfrentarse a los problemas de la empresa y los afrontará en primera persona, mientras que en el caso de un predominio de la actividad parasimpática, se retirará a la retaguardia y se centrará en el mantenimiento de los resultados que la empresa ha conseguido.

Para comprender el funcionamiento del cerebro se necesitan, no obstante, otras nociones que nos ayudarán a entender cómo se forman nuestras decisiones.

EL CEREBRO: HIPOTÁLAMO, TÁLAMO Y SISTEMA LÍMBICO

Nuestro cerebro está formado por dos medios ovoides denominados hemisferios cerebrales, que presentan actividades predominantes el uno respecto del otro. Entre ambos hemisferios cerebrales hay un alto número de fibras nerviosas que atraviesan el cuerpo calloso que los mantiene unidos. A través de estas fibras se establece un continuo intercambio de decisiones que se toman en la corteza cerebral de ambos hemisferios, un estrato de tejido nervioso gris que ocupa la parte externa del cerebro.

En la base del cerebro se sitúa una estructura nerviosa que recibe el nombre de hipotálamo, se encuentra bajo otro centro nervioso, el tálamo, y se encarga de controlar el SNV. El hipotálamo es el punto de llegada de los impulsos procedentes de los órganos internos de nuestro cuerpo. En cambio, el tálamo es el centro de paso de los impulsos que llegan desde el exterior. Entre ambos, como en el caso de los hemisferios, también existe un intercambio recíproco de información. El tálamo transmite los estímulos, internos y externos, a las cortezas de ambos hemisferios cerebrales. No obstante, antes de llegar, todos los estímulos se filtran en el sistema límbico, del cual destaca la amígdala como uno de los principales centros para el control, por ejemplo, de la agresividad.

El sistema límbico está considerado como el verdadero «cerebro emocional». Su objetivo es asignar un valor emotivo a cualquier sensación que tiene que ser percibida por la corteza frontal. Las emociones más destacadas son el amor, la rabia, el disgusto, el miedo. La corteza frontal, a su vez, está implicada en el comportamiento motor, en el lenguaje expresivo, en la capacidad de atención, en el razonamiento y en la relación espaciotemporal de las personas. Recibe informaciones procedentes de la amígdala y de otras partes del sistema límbico, y genera sentimientos, es decir, estados emotivos más complejos que son los que determinan la afectividad del líder: odio, culpa, placer, frustración, envidia...

El sistema límbico, además de influir en los procesos psíquicos del cerebro y el comportamiento, también se expresa a través del hipotálamo en el sonrojamiento o empalidecimiento del rostro, en el temblor, en la taquicardia. Son estas reacciones las que activa la sección ortosimpática del SNV, que sitúa al líder en las condiciones de superar las dificultades con las que se encuentra. No hay que olvidar en ningún momento que la inteligencia parte del contraste continuo y reiterativo de los dos hemisferios cerebrales, cuya consecuencia es la manifestación de la capacidad para producir nuevas propuestas para situaciones empresariales nuevas. Todos los pensamientos y proyectos que se forman de esta manera se dan en el sistema límbico y se revisten con estados emotivos que proporcionan color al lenguaje y a los movimientos comunicativos. Todo líder se mueve por convicciones, pero en cualquier conversación existe en todo momento una corriente subterránea de emociones. Sin estas, las decisiones de la corteza cerebral serían rígidas, netas, duras, inflexibles; el líder actuaría como un robot inteligente y se relacionaría con el resto de personas de manera escorbútica, desafiante, angosta; carecería de motivación, entusiasmo y pasión. Como análisis último, cualquier inteligencia debe ser emotiva en lugar de racional.

En un líder, la inteligencia es necesaria para proyectar, proponer, decidir, producir y superar adaptaciones consolidadas, pero también para comprender sus propias emociones y las de los demás, para disponer del control necesario y saberse relacionar con los trabajadores, para responderles de manera apropiada, para saber leer y entender sus estados de ánimo: los interlocutores quieren ser escuchados, comprendidos y respetados por lo que dicen.

Hemos querido presentar la organización del SNC del líder como la suma del arco reflejo de un estímulo procedente del ambiente y la respuesta del cerebro. El objetivo, llegar a considerar el liderazgo como la capacidad de integración entre la posición de responsabilidad que tiene el líder en su empresa y lo que es como persona. Ser líder no significa ser el «guía mental» de un grupo de personas. En su comportamiento, el líder no tiene que actuar de manera primitiva, esto es, impulsiva y reactiva, sino que debe situarse con inteligencia en el contexto empresarial en que opera. Tiene que valorar su buen funcionamiento cerebral y profesional siguiendo algunas relaciones.

• Saber comunicar o, lo que es lo mismo, estar capacitado para intercambiar de manera completa sus propias ideas y expresar de forma correcta sus estados emocionales, alcanzando, con la ayuda de los trabajadores, nuevos objetivos con líneas operativas comunes.
• Saber asumir un papel complementario al de los trabajadores.
• Saber mantener la cohesión de los trabajadores a través de una relación activa.
• Sentirse parte del grupo utilizando su conocimiento de su propia persona, su papel y el de la finalidad de la empresa.

Por ello, la actividad del cerebro, a través de la confrontación de los dos hemisferios, junto con la aportación emocional del sistema límbico, consiste en integrar un todo y decidir cuál es el comportamiento idóneo que hay que adoptar en cada situación. Para el líder, esta es la manera de disponer de un modelo personal de su propio liderazgo y de formar la actividad directiva en la que debe moverse la organización.

PRINCIPIOS ESENCIALES PARA GESTIONAR
LAS EMOCIONES COMO UN LÍDER

1 **Es necesario revalorizar el papel preponderante del componente emocional respecto del racional.**

- Las capacidades emocionales derivan de manera preponderante del uso del hemisferio derecho del cerebro.
- Un líder dotado de capacidades emocionales obtendrá más de sus trabajadores, puesto que si conoce sus emociones podrá ser capaz de conocer también las de quienes le rodean.
- El conocimiento de uno mismo o, lo que es lo mismo, el reconocimiento de las emociones propias, cobra una importancia cada vez mayor en la acción del liderazgo, sobre todo porque los rápidos cambios socioeconómicos imponen la capacidad de adaptación.
- Conocerse uno mismo significa también autocontrol, y un líder que no sabe controlar y gestionar sus propias emociones no podrá ser eficaz en la gestión de las emociones de sus trabajadores.
- Un líder consciente de quién es se convierte en una persona imparcial y equilibrada, y sabe ser autoirónico.
- Relacionarse con uno mismo significa entrar en el baúl de la memoria emotiva propia, elemento muy útil para tomar decisiones adecuadas.

2 **La importancia de la imagen que tenemos de nosotros mismos.**

- La imagen del yo es lo que vemos y pensamos de nosotros mismos, y es subjetivamente real, aunque puede ser objetivamente falsa.
- Todas nuestras acciones y relaciones están determinadas y condicionadas por dicha imagen.
- Para un líder es fundamental tener una buena imagen de sí mismo y ayudar a los trabajadores a mejorar la que tienen de ellos mismos.
- Nuestra manera de actuar está condicionada no por nuestra voluntad, como generalmente se piensa, sino por nuestra imaginación.
- El cerebro no distingue entre un hecho real y otro imaginado, motivo por el cual, confiados en nuestra propia imagen, podemos acostumbrarnos a ella y adoptarla.
- Para cambiar la imagen de nosotros mismos de manera positiva, después de que entendamos cómo queremos que sea, tenemos que vivir las sensaciones que sentimos en la nueva persona que somos, de manera que nutran el deseo, que se activará mediante la voluntad.
- Cuando en el trayecto del cambio nos sobreviene un fracaso, no tenemos que desilusionarnos, sino pensar en los momentos de éxito.

3   La validez del análisis transaccional.

- El análisis transaccional es un instrumento que ayuda a comprender las relaciones entre individuos a través del análisis del estado del yo.
- El estado del yo deriva de los modelos relacionales desarrollados durante los primeros años de vida y que se aplican cuando somos adultos, a pesar de que se lleve a cabo de manera inconsciente.
- Los estados del yo son tres: padre, que desarrolla una personalidad paternal o despótica; adulto, que está relacionado con la lógica y la racionalidad; y niño, que es la parte emotiva y más propensa a los actos impulsivos y a la creatividad.
- En nuestras relaciones aplicamos todos los estados del yo, pero existe el más apropiado para cada ocasión.
- Los estados del yo determinan el posicionamiento mental con el que vemos a los demás.
- El planteamiento del que debería partir un líder es el del respeto mutuo: «estoy bien; estás bien», aplicando el concepto de «bondad».

4   El peso del factor estrés en el mundo laboral.

- El estrés es una condición físico-psíquica que deriva de una excesiva carga de trabajo y subjetividad, puesto que se trata de una respuesta personal a estímulos externos.
- Existen el estrés negativo (distrés) y el positivo (eustrés). La ausencia por completo de estrés se considera apatía.
- El líder debe favorecer el desarrollo del estrés positivo entre los componentes de su equipo y preocuparse por eliminar los agentes ambientales que contribuyen a la aparición del estrés negativo, que conduce a la disminución de la productividad.
- El líder tiene que procurar en todo momento que se establezcan objetivos que se puedan conseguir: las perspectivas irreales son unas de las mayores causas de distrés.
- El ejercicio del liderazgo es un motivo de estrés para el líder, que debe saber encontrar el punto de equilibro personal para evitar transmitir dicho estrés a sus colaboradores.
- El estrés es, asimismo, la causa de muchos conflictos interpersonales en las organizaciones, por lo que mina el buen ambiente laboral.
- Pasar más tiempo en el puesto de trabajo no significa ser más productivo, puesto que si trabajamos demasiado limitaremos nuestra creatividad, aumentarán los errores y disminuirá la calidad del trabajo.

5 El influjo del funcionamiento del sistema neurofisiológico en el liderazgo.

- Un líder debe conocer el funcionamiento de su cerebro para entender de qué manera influye en su trabajo.
- El líder ha de afrontar a menudo procesos de arco reflejo, proponiendo respuestas nuevas para la empresa o tomando decisiones.
- El líder tiene que recurrir también a la inteligencia emocional, necesaria para proyectar, proponer, decidir, producir y superar las ideas consolidadas, pero también para comprender sus propias emociones y las de los demás.
- El líder ha de evitar actuar de manera instintiva, primitiva, es decir, impulsiva y reaccionaria, y situarse inteligentemente en el contexto empresarial en que trabaja.
- El líder tiene que aprovechar la capacidad del cerebro para integrarlo todo, de manera que pueda decidir qué comportamiento conviene adoptar en situaciones difíciles.

SER UN JEFE
O UN LÍDER

> El poder se ejercita incluso
> negando tenerlo.
>
> ROBERTO GERVASO

Para ofrecer una completa definición de liderazgo, lo mejor que se puede hacer es no reducir el concepto a los estereotipos más comunes, sino valorarlo desde un punto de vista dinámico y global. Todas las definiciones que han formulado los expertos, sin duda, son correctas, aunque pocas contienen concretamente todas las características sustanciales que definen de manera clara el liderazgo. Todos disponemos de la capacidad para definir las cualidades específicas de un jefe, pero ¿los términos *jefe* y *líder* describen realmente la misma función? Si no son sinónimos, ¿qué diferencia a un jefe (que manda) de un líder (que influencia)?

Antes de nada, es necesario precisar que el liderazgo no deriva necesariamente de una posición de poder, pero que sin legitimación del tal papel, a menudo, no puede ni siquiera expresarse ni ejercitarse. Al contrario, es cierto que hay personas que ocupan funciones de mando, pero que no son líderes. Todos tenemos experiencias de jefes legítimos desde el punto de vista formal que, no obstante, no gozan de la aprobación de sus trabajadores, quienes obedecen, en contra de su voluntad, y casi siempre lo critican en los pasillos de la oficina... Una cosa es cierta: la legitimación siempre procede de abajo. Son los trabajadores quienes tienen que considerarnos líderes.

Por desgracia, en las empresas todavía hay muchas personas que no se preocupan por obtener una legitimación por parte de los trabajadores; al contrario, ostentan el poder para mandar independientemente del consenso de los demás; no aceptan las críticas y nunca discuten, envalentonados por su posición de poder. Son las mismas personas que piensan que no tienen nada que aprender y que se sienten superiores incluso en los casos en que su empresa fracasa, atribuyendo tales fracasos a causas externas de fuerza mayor. Por suerte, se trata de una raza destinada a la extinción o, al menos, en fuerte declive. A partir del siguiente cuadro podremos entender cuáles son las diferencias reales entre jefe y líder en la gestión de los recursos humanos.

LAS DIFERENCIAS ENTRE JEFE Y LÍDER

JEFE	LÍDER
Tiene subordinados	Tiene adeptos
Tiene poder	Tiene carisma
Cuenta con su posición de poder	Tiene autoridad porque es él mismo
Suscita temor y pretende respeto	Inspira confianza y se merece respeto
Acusa a quien se equivoca	Indica qué hay equivocado
Hace que los otros hagan las cosas	Hace que se actúe de manera espontánea
Dirige a los trabajadores	Inspira a los trabajadores
Es obedecido	Es seguido
Vive el presente	Se proyecta en el futuro
Administra y mantiene	Es innovador
Le gusta controlar	Tiene gran confianza en su equipo
Hace bien las cosas	Hace las cosas que se necesitan
Determina los plazos	Determina el estilo
Se fija en pocas cosas	Tiene una visión de 360 grados
Asume lo que ocurre	Influencia y prevé lo que ha de ocurrir
Se concentra en sistemas y procesos	Es apasionado y genera pasión
Se basa en el control	Establece relaciones auténticas
Dice «yo»	Dice «nosotros»
Es la voz principal	Es todo oídos
Siempre racional	Conduce un sueño

Es importante subrayar que no hay un líder que sea capaz de encarnar todas las características indicadas anteriormente, pero, por lo general, su comportamiento es el resultado de una mezcla de componentes. A veces, algunos comportamientos típicos del jefe también pueden ser más convenientes y funcionales para la organización donde se trabaja dependiendo de las personas y de la situación concreta. Tanto la figura del jefe como la del líder son necesarias para una organización: la estabilidad cotidiana y el funcionamiento de los procedimientos básicos tienen que ser garantizados por el jefe, y la innovación y el desarrollo, por el líder.

Cuando en una organización hay demasiado orden, esta se convierte en inflexible, mientras que con demasiada libertad, no se puede gestionar. Lo ideal es el equilibrio entre ambos sistemas. Al fin y al cabo, es necesario considerar que en una situación socioeconómica en constante cambio es mejor actuar como líder que como jefe.

VISIÓN Y SUEÑO

> *Quien sueña de día conoce muchas cosas que se escapan a quien sólo sueña de noche.*
> EDGAR ALLAN POE

Los grandes líderes saben qué quieren e inspiran a sus colaboradores para que vayan más allá de sus deberes de oficina. Pero ¿de dónde nace tal implicación? Nace de la capacidad de soñar: todos soñamos, pero los líderes tienen la fuerza suficiente como para creer en sus propios sueños y transformarlos en realidad con el tiempo. Pensemos en los grandes líderes del pasado: ¿puede ser que cuando todavía eran pequeños soñaran que algún día se cumplirían sus sueños? Probablemente, no todos, pero personajes como Enzo Ferrari desde pequeños tenían una visión clara de su futuro: el sueño de Ferrari era construir el automóvil más rápido del mundo. Lo único que de verdad vale, lo que conduce a la acción, lo que da fuerza y conmueve a las personas, son sus sueños. Todos recordamos el efecto mágico que tuvo sobre las masas la histórica frase de Martin Luther King «I have a dream» *(Tengo un sueño)*. La historia enseña que los líderes no están cómodos en su statu quo, por lo que lo que para otros son simples visiones, para ellos se convierte en oportunidades realizables. La humanidad y el progreso siempre han estado inspirados por los sueños. Es el sueño de la construcción de la ciudad de Dios en la Tierra lo que ha hecho grande al cristianismo; fue el sueño de redimir todo mal aplicando la racionalidad lo que inspiró a la Ilustración. Durante años, muchas dictaduras, en cualquier parte del mundo, han movido a las masas oprimidas hacia el verdadero sueño del abandono de la pobreza y la revancha de las injusticias sociales. Era tan grande la esperanza que el sueño tuvo la fuerza de incluso ofuscar la realidad de los masacradores y los genocidas.

La visión inspira constantemente a los seres humanos y, a pesar de que al principio la luz se ve ofuscada por las dudas y los problemas, nunca lo está tanto como para inducir a quien sueña para que se detenga y no vaya hacia delante. La visión no es algo palpable o determinable matemáticamente, no es algo acertado o equivocado, simplemente es aquello que reside en el corazón. Desgraciadamente, en los últimos decenios muchos líderes han dado excesivo peso a la importancia del dato racional en la elección del camino que tomar para realizar grandes empresas. Para ser verdaderos líderes, hay que entender instintivamente qué es importante y tomar el camino que conduce hasta el éxito, principalmente a través de la aplicación de la intuición. Ningún líder ha conseguido casi nunca nada sin la ayuda de otras personas, puesto que cualquier proyecto en grupo es siempre mayor que lo que uno consigue completar solo. La visión del líder no puede ser entendida sólo por él, ya que correrá el riesgo de ser considerado como un visionario y, por consiguiente, de no ser tomado en serio por nadie. Si la visión es una expresión de intereses personales del líder, este no podrá esperar convencer a otros para que lo ayuden a llevarla a cabo: por ello, es absolutamente necesario que los colaboradores la compartan. Una visión se queda como tal y sin ninguna posibilidad de transformarse en realidad, si no está acompañada por la acción del líder y sus colaboradores: obviamente, la visión tiene que desarrollarse de manera funcional en lo que se refiere a la empresa. ¿Cómo se ejecuta una visión, es decir, cómo se traduce en acción y, finalmente, en resultado? Principalmente, a través de cuatro modelos que consisten en hablar, vender, consultar y crear.

• **Hablar.** Esta aparente obvia modalidad es, a la vez, la que más utiliza el líder. A menudo se emplea de manera excesiva y se piensa que sólo hablando, es decir, explicando y recordando constantemente una visión, se obtendrán los resultados deseados. Hay que recordar en todo momento que en pocas ocasiones la palabra tiene todo el poder en lo que se refiere al líder que ha propuesto la visión. Esta modalidad funciona si el líder es creíble y tiene autoridad; si no la palabra puede convertirse en opresiva y paternal. Si abusa de ella, crea resentimiento y desmotivación entre los trabajadores y se vive como un instrumento para mandar y controlar. Las palabras tienen que proceder del corazón: el entusiasmo, la pasión y la convicción, ellos solos, son suficientes para suscitar en los otros el sueño propio. No tenemos que olvidar, pues, lo que dijo el ensayista americano Emerson: «Lo que haces habla tan fuerte que no consigo oír lo que dices». Seguramente, en cualquier tipo de organización, es conveniente formalizar una visión propia; parece una cosa obvia, pero no todos los líderes lo llevan a cabo.

• **Vender.** La modalidad «hablar», a menudo hay que aderezarla con la de «vender»: los trabajadores tienen que observar en la visión del líder las ventajas que les reportará, no necesariamente económicas. Por ejemplo, el hecho de haber contribuido a que crezca una empresa, tener mayor visibilidad y recibir incentivos por su aportación sirven más de lo que se piensa para motivar a las personas. Recordemos en todo momento que «nadie hace nada porque sí». Demasiado frecuentemente en las empresas la modalidad de venta es forzosa y, si los trabajadores se dan cuenta de que los cambios ya están decididos y de que se darán independientemente de que quieran «comprar» o no, se sentirán manipulados y engañados, puesto que pensarán que la maniobra de venta es una simulación para que tengan la impresión de que han participado en las decisiones de la empresa.

• **Consultar.** Esta modalidad contribuye más que las otras a la creación de una visión compartida y empuja a que las personas se impliquen con pasión en su realización. Flexibilidad, sentido de la responsabilidad, confianza recíproca y trabajo en equipo son sus presupuestos. Hay que tener cuidado, no obstante, con no dejarse llevar por las modas y las tendencias y querer ser, cueste lo que cueste, un «buen líder consultivo»: cuando no se dan las condiciones descritas más arriba, las consecuencias de tal tratamiento son la anarquía y la inmovilidad del sistema.

• **Crear.** Si hablando, vendiendo y consultando implicamos en cualquier medida a los trabajadores para que compartan la visión, a través de la participación directa en su creación, obtenemos su máxima implicación. Seguramente se trata de una modalidad muy arriesgada, sobre todo cuando no se confía demasiado en el equipo de trabajo, pero los resultados que se pueden obtener son espectaculares.

Entre las maneras de implicar que acabamos de analizar, no hay, objetivamente, ninguna que sea mejor que las otras; todas lo serán sólo en función de la situación en la que se apliquen; el líder, más allá de sus inclinaciones personales y de su filosofía de vida, tiene como función entender cuáles son las mejores.

OBJETIVOS SOSTENIBLES

> *La vida sin metas es vagabundear.*
> *El viento siempre es favorable para*
> *quien sabe adónde ir.*
>
> SÉNECA

La actividad del líder, como hemos visto hace poco, se inspira en una visión que tiene que ser necesariamente compartida, perseguible y realizable. El paso siguiente es definir de manera concreta el objetivo mediante la elaboración de estrategias correctas para, posteriormente, pasar a la acción. Si falta este segundo elemento concreto, la visión se quedará en una pura imagen mental y el líder podría ser considerado, con toda la razón, un visionario. En efecto, la visión sin acción no es suficiente. Para materializar la visión, el líder tiene que marcarse objetivos específicos que se correspondan con los parámetros que le permitan evaluar el camino recorrido y el que queda por recorrer hasta la concretización de la visión. ¿Cómo se puede materializar algo si no se definen contenidos, sistemas ni plazos? Es imposible.

El objetivo se define, por lo general, como el punto de llegada de un recorrido que tiene que ser identificable, evaluable, cuantificable, factible, desafiante y realizable. Al fin y al cabo se trata del espacio entre la situación presente y la deseada, para lo cual se ha trazado un plan de acción. Por ejemplo, a veces en los cursos de formación me encuentro con jóvenes que declaran tener como objetivo encontrar un buen trabajo, comprarse una casa y formar una familia. En realidad, esos no son objetivos reales, sino simples declaraciones de intenciones, puesto que no definen modalidades, estrategias ni plazos para la consecución de tales objetivos.

El objetivo, para serlo, tiene que responder a algunas características específicas, que se pueden resumir en una serie de adjetivos.

• **Evaluable,** puesto que un objetivo nunca es una meta o un deseo genérico, aunque tiene que medirse. Por ejemplo, el deseo de ser más competentes no es un objetivo real, mientras que sí lo es decidir ir a un curso de formación en menos de un año. Querer aumentar las ventas un 10 % en seis meses mediante una técnica de venta más agresiva y con comisiones para los vendedores es un objetivo real, mientras que el deseo genérico de aumentar la facturación no lo es.

• **Realizable,** puesto que un objetivo demasiado alejado en el tiempo, para quien tiene que conseguirlo, deja de serlo. Nadie se implica ni actúa por algo que considera inalcanzable. Una investigación americana desarrollada en dos prestigiosas universidades revela que, en presencia de objetivos percibidos como inalcanzables, las prestaciones descienden por debajo de la normalidad. ¡Recuerdo cuando mi jefe me asignó, dos meses antes de acabar el año, el objetivo de aumentar la facturación en un 50 %! Con el incentivo que me prometió me habría podido comprar un chalet. No obstante, se trataba de algo tan absolutamente fuera de mi alcance que perdí toda motivación y, además, sentí que me estaban tomando el pelo. Obviamente, no me lo tomé en serio y no lo conseguí.

• **Desafiante,** porque al establecer el objetivo hay que tener en cuenta que nadie es perfectamente consciente de las capacidades y potencialidades que posee, y las personas tienden a infravalorarse. Así pues, la tendencia habitual es la de marcarse objetivos no demasiado ambiciosos, entre otras cosas porque también se consideran los efectos negativos que su incumplimiento pueden provocar en la autoestima; no alcanzar una meta prefijada puede considerarse como una derrota, por lo que para muchas personas establecer objetivos importantes puede ser contraproducente. En cambio, un buen líder establece objetivos razonablemente más altos de los que podría pensar que son factibles. Un objetivo que no modifique el estado anterior de manera positiva no es, por definición, un objetivo real.

• **A plazos,** puesto que el objetivo jamás se conseguirá si no se establece un límite preciso de tiempo. Esto no implica que no se puedan dilatar los plazos si nos damos cuenta de que la estimación inicial fallará por haberse hecho a la baja.

En lo que se refiere a la temporización, los objetivos se pueden dividir en tres categorías:

• a corto plazo;
• a medio plazo;
• a largo plazo.

Un objetivo a corto plazo podría ser la etapa intermedia para llegar a otro a medio o largo plazo. Incluso este último caso, a pesar de estar alejado en el tiempo, tiene que estar suficientemente definido, de otra manera no es un objetivo, y, sobre todo, hay que iniciar su búsqueda de manera inmediata. Sustancialmente, el objetivo es un recorrido con paradas intermedias, que presupone una implicación y una comprobación constante de su estado de evolución. El líder juega un papel importante, no sólo en el establecimiento de los objetivos, sino, sobre todo, «en defender la meta», es decir, en recordar a todos los trabajadores a dónde se pretende llegar, y en supervisar la ruta preestablecida. Es él quien debe transmitir al resto de la organización el sentido de la misión, el significado de la tarea y el sentido del deber. Para hacerlo, tiene que creer profundamente en lo que hace.

Como en el caso de la visión, el objetivo tiene que ser compartido y aceptado por todos los trabajadores. De hecho, quien no lo acepte o no lo comparta no se esforzará para conseguirlo, y es imprescindible que el líder ponga el máximo de sus energías para implicar a los colaboradores. Demasiado a menudo los líderes olvidan la importancia de la implicación y no se esfuerzan lo suficiente para implicar a todos los miembros de la organización en la consecución del objetivo.

¿QUÉ HAY QUE HACER PARA IMPLICAR A LOS COLABORADORES?

También para este caso, como se ha dicho para la visión, hay que hablar, vender, consultar y crear, y hay que hacerlo teniendo en cuenta los diferentes estratos de la empresa, la situación interna, la dimensión y las funciones de las personas. Por ejemplo, el objetivo de facturación de una empresa se debería comunicar y «vender» a todos los trabajadores, mientras que para su cuantificación se debería implicar a los vendedores, a través de consultas o, si se considera oportuno, escuchando sus propuestas.

Cuando se consigue un objetivo es necesario pararse un momento para saborear el gusto de la victoria. El verdadero placer no está, no obstante, en esta consecución, sino en el camino que se ha recorrido y en la satisfacción de habernos superado, además de haber implicado al resto de personas en la misión. La consecución del objetivo motiva al líder y a los trabajadores para conseguir otros todavía más competitivos; recordemos lo que dijo George Bernard Shaw: «Mientras tengo un deseo tengo una razón para vivir: su satisfacción o la muerte».

A CORAZÓN ABIERTO: LA ASERTIVIDAD

Si estás soñando con una vida feliz y al despertarte ves sólo hipocresía y no intentas mejorarla, es mejor que vuelvas a dormirte...

WILLIAM FAULKNER

El término *asertividad* es un neologismo nacido en el mundo de la comunicación que identifica un tipo de comportamiento y de comunicación cuya finalidad es la afirmación de uno mismo, aunque no en un sentido negativo. No se trata de satisfacer las aspiraciones propias en lugar de las de los demás, sino de conseguir una mayor seguridad en uno mismo. Así pues, la asertividad es un comportamiento absolutamente contrapuesto a la agresividad.

La asertividad es la capacidad para defender con firmeza, pero sin agresividad, las opiniones y los valores propios. Ser asertivos significa estar liberados para asumir las propias responsabilidades y ser valientes. El líder asertivo es aquel que felicita y critica a sus colaboradores en el intento de hacerles crecer, que cambia de trabajo cuando no se encuentra a gusto y se toma una jornada de descanso cuando está cansado. Sustancialmente, se trata del líder capaz de decidir de manera autónoma qué hacer con su vida sin tener que asumir condicionantes externos, puesto que es una persona segura de ella misma y cree en sus capacidades. La persona asertiva conoce, más que sus deberes, sus derechos, que defiende con total respeto hacia los demás. Por ejemplo, un líder tiene el derecho y el deber de notificar el comportamiento incorrecto de un trabajador y al hacerlo no ha de sentirse culpable.

DESPEDIR A UN COLABORADOR APÁTICO

Recuerdo que hace muchos años tuve que proponer el despido de un directo colaborador mío. A pesar de tener una capacidad y experiencia superiores a las de la media, su rendimiento era muy bajo, ya que se había acomodado con los años. Su autoestima era muy baja y se sentía frustrado. El alejamiento de la empresa, el hecho de tener que buscarse un nuevo trabajo, un nuevo ambiente, despertaron en él tanto la motivación como la potencialidad que en aquel momento parecían estar volatilizadas. Cuando se le comunicó la decisión, no la acogió exactamente con felicidad, pero más adelante se dio cuenta de que había sido una decisión acertada, puesto que le ofrecía la posibilidad de introducirse de nuevo en el juego de tener que demostrarse a sí mismo que era una persona con un gran talento.

Despedir a una persona es un derecho del líder, puesto que, aunque se trate de una decisión muy dura que no querríamos tomar nunca, puede ser, a veces, necesaria, por lo que se refiere no sólo al interés de la empresa, sino también al del colaborador.

La asertividad se expresa a través de un comportamiento del que emergen sentimientos y emociones, además de maneras de ser que, desde fuera, se conciben de la forma que describe el siguiente cuadro.

PERSONA ASERTIVA

COMPORTAMIENTO EXTERIOR	SENTIMIENTOS Y EMOCIONES
• Facilidad de comunicación.	• Buena autoestima.
• Seguridad en sí misma.	• Ausencia de sentimientos de inferioridad o superioridad respecto a los demás.
• Contacto ocular directo.	
• Postura cómoda y relajada.	• Control de las emociones.
• Defensa sin agresión.	• Buenas relaciones con los demás.
• No uso de intermediarios.	
• Capacidad para expresar opiniones divergentes.	• Respeto por sí misma y por los demás.
• Capacidad para pedir explicaciones.	• No aceptación del conflicto.
• Exteriorización de sentimientos positivos y negativos.	• Aclaración en seguida de los malos entendidos.
• Capacidad para decir no.	• Consideración de ser buena pero no estúpida.
• Franqueza.	• Gratificación a los demás y a sí misma.
• Capacidad para aceptar los propios errores.	• Manera de pensar predominantemente racional.

Obviamente, es muy difícil encontrar líderes que posean todas las características, ya sea de comportamiento, ya sea de emoción, típicas de la persona asertiva. No obstante, para ser un buen líder en cualquier situación es necesario intentar asemejarse lo más posible al tipo de persona descrito un poco más arriba.

En el cuadro siguiente vemos, en cambio, cómo se traducen el comportamiento exterior, las emociones y los pensamientos de la persona no asertiva.

PERSONA NO ASERTIVA

COMPORTAMIENTO EXTERIOR	SENTIMIENTOS Y EMOCIONES
• Bajo volumen de voz.	• Sensación de impotencia.
• Inseguridad.	• Mucha energía mental.
• Mirada huidiza o hacia el suelo.	• Sentimientos de culpa.
• Postura contraída.	• Baja autoestima.
• Manos sudadas.	• Pérdida de confianza en los demás.
• Uso de muletillas.	
• Incapacidad para contradecir a los demás.	• Falta de respeto por parte de los demás.
• Incapacidad para pedir explicaciones.	• Falta de sinceridad emocional.
• Dificultad para exteriorizar sentimientos.	• Frustración.
• Incapacidad para decir no.	• A veces, agresividad.
• Quejas sobre terceros.	• Hace que los demás se sientan culpables o superiores.

De las características expuestas se evidencia que, mientras que es difícil ser personas dotadas con todas las cualidades que representan la asertividad ideal, es imposible ser líder si no se es asertivo en muchos aspectos de la personalidad y el comportamiento hacia uno mismo y hacia los demás. Afortunadamente ser asertivo es, por lo general, el fruto de una costumbre y de un aprendizaje, y sólo en una parte muy pequeña deriva de condiciones innatas. En cambio, sí es cierto que se puede llegar a ser no asertivo: el comportamiento asertivo se puede aprender, como cualquier otra cosa, a través de la imitación o del refuerzo, es decir, gracias a los modelos y sistemas que transmiten los padres, los amigos, los familiares y la sociedad en general. Paradójicamente, los niños tienen una fuerte tendencia a la asertividad, que con el paso del tiempo pierden si la inhiben quienes les rodean. De hecho, se dice que los niños son abiertos y sinceros, pero que, sobre todo, son los padres quienes, en su fase de desarrollo, les ponen al corriente sobre «los riesgos que conlleva ser espontáneos». Para ser líderes, tal vez es necesario escuchar de vez en cuando al niño que llevamos dentro.

¿No es cierto que los niños saben decir no? Acostumbrarse a decir no sin agresividad es una característica fundamental del líder asertivo, aunque seguramente no es fácil hacerlo. Generalmente, el no de los líderes en realidad es, a menudo, un ni (ni sí, ni no), para evitar discusiones o postergar la resolución de un problema. Por ejemplo, la experiencia nos enseña que ante una petición de aumento de sueldo el jefe no da un no seco, pero, aparentemente, es un no momentáneo, que traslada la decisión hasta un futuro más o menos indefinido. Saber decir no tiene, en consecuencia, las siguientes ventajas:

• evita entrar en discusiones estériles;
• expone claramente nuestra posición en una situación que tiene otras alternativas;
• asegura el respeto y aprecio del interlocutor (es mejor decir no antes que crear falsas expectativas a los trabajadores);
• gestiona de mejor manera el tiempo (evita problemas y no parece que se da margen a un trabajador);
• evita que pequeñas cuestiones se conviertan en grandes problemas en el futuro.

El respeto por el trabajador y sus convicciones es otro elemento del comportamiento asertivo que distingue a un buen líder. A tal respecto resulta muy elocuente una cita de Voltaire: «No estoy de acuerdo con lo que decís, pero lucharé hasta el final para que podáis decirlo». Un líder que practica y defiende la libertad de opinión de manera asertiva es el sueño de cualquier trabajador.

También el respeto de la vida privada es un componente importante del comportamiento asertivo; por ejemplo, ¿qué sentido tendría forzar a que un trabajador abandonara un deporte o una afición que ama para dedicarse por completo al trabajo? Antes o después, su rendimiento caería y acabaría desmotivándose, se sentiría frustrado y empezaría a cultivar un instinto rebelde.

¿QUIEN NO DECIDE NO SE EQUIVOCA?

El débil duda antes de una decisión; el fuerte, después.

KARL KRAUS

La capacidad de decisión es un requisito de gran importancia para el ejercicio del liderazgo. El líder tiene que ser un «decisor», porque tomar decisiones es una de sus principales responsabilidades, tanto que se puede afirmar que decidir es dirigir y que dirigir es decidir. Una dificultad puntual para tomar decisiones inhibe la capacidad de desarrollo del individuo y, en el caso del líder, de su grupo y de toda la organización a la que pertenece. La incapacidad para tomar decisiones favorece la aparición y el establecimiento de una mentalidad perdedora que provoca depresión y frustración, presupuestos para un mal estado de salud.

Muchos se encuentran con serias dificultades a la hora de tomar decisiones; otros, cerrándose, no consiguen, de entrada, la oportunidad de acometer nuevas experiencias. Las personas que renuncian al proceso decisorio no enfocan sus propias vidas ni se marcan objetivos. Cuando les sucede algo positivo, se sorprenden y lo atribuyen a la casualidad, más que a su manera de hacer.

Por otra parte, hay personas que toman falsas decisiones para evitar enfrentarse a ellas. El simple hecho de marginar una decisión, porque no se está seguro de que sea la correcta, es, en realidad, una decisión, aunque incorrecta, puesto que soporta sobre sus hombros una postergación, que forma parte del proceso de toma de decisiones.

Otro modo de huir de las decisiones correctas y constructivas es decidir de manera impulsiva, que no es otra cosa que reaccionar de forma extrema a un estado de inercia. Si se actúa de tal manera, en la mayor parte de los casos, se provocan verdaderos desastres.

Otras personas dejan que otros decidan por ellos. Adoptan esta modalidad aparentemente decisoria y descargan en el prójimo el honor de realizar la elección y de afirmar sus opiniones, hasta que, actuando de tal manera, se alienan de su propia identidad.

Una última forma de no tomar decisiones es mantener en pie todas las opciones, intentando desarrollar cualquier posible opción, sin, en realidad, decidirse por ninguna. Se constituye como una decisión falsa el continuo arrepentimiento, ir con pies de plomo y preguntarnos qué habría pasado si nos hubiéramos comportado de diferente manera.

Probablemente nos hayamos reconocido en esta reseña de decisiones falsas, puesto que habremos actuado así en alguna fase de nuestras vidas o porque habremos detectado el comportamiento de personas conocidas. ¿Cómo nos sentimos cuando no tomamos decisiones?, ¿vale la pena no decidir? Seguramente no podemos saber qué habría pasado, pero, efectivamente, la indecisión no puede haber hecho otra cosa que entorpecer nuestro yo, generando un sentimiento de frustración y de culpa. ¿Podemos imaginar a un jefe que no toma decisiones o que las que toma son falsas? Obviamente, no, también porque de ser así no sería un líder, quien, por necesidad y definición, tiene que ser decisivo. Cuando se decide, a veces, uno se equivoca, pero cuando no se decide, nos equivocamos en todo momento.

Es más interesante preguntarse qué es lo que determina la incapacidad o la dificultad para tomar decisiones. Es probable que dependa de los bloqueos decisivos, que, por lo general, residen en nuestro subconsciente y que no son otra cosa que un instinto natural y necesario de autodefensa cuya finalidad es la supervivencia. La contradicción sólo es aparente; hasta ahora se ha considerado como un obstáculo para el desarrollo, pero detengámonos a pensar cuántas acciones creemos que emprenderíamos si no dispusiéramos de un freno natural.

El ser humano tiende a permanecer en una zona de confort, es decir, a vivir en el interior de su mundo conocido; tomar decisiones nos hacer ir hasta una zona de riesgo, puesto que entramos en el área de lo que no conocemos. Los frenos a las decisiones son innumerables y, algunas veces, se dan tantos a la vez que impiden que actuemos. Por ello, es fundamental reconocerlos para poder contrastarlos y favorecer el proceso decisorio. Hay que acordarse también de actuar con confianza, conocedores de que siempre hay que pagar un precio cuando se decide y de que la perfección no existe.

He aquí los principales frenos para la toma de decisiones:

• falta de confianza y baja autoestima;
• búsqueda obsesiva de la perfección;
• dejar que pase, a la espera de que la situación se resuelva sola;
• imagen desviada de uno mismo;
• no tener sentido de la prioridad;
• excesiva idealización;
• necesidad extrema de admiración;
• ser cerrado de mente;
• renuncia para evitar conflictos;
• miedo de provocar odio hacia uno mismo en caso de error;
• incapacidad para gestionar el tiempo de uno mismo, pensando que sea demasiado tarde.

Es posible aplicar conocimientos y comportamientos útiles para batir a los frenos en la toma de decisiones:

• ser tolerantes con los otros y aceptar sugerencias;
• ser conscientes de que siempre hay que pagar un precio;
• retomar el contacto con nosotros mismos, es decir, conocer nuestras inclinaciones;
• entender que las condiciones en que se actúa son imperfectas;
• tener una mayor confianza en nosotros mismos superando el miedo al rechazo y a la equivocación;

- saber valorar y actuar en función del orden de prioridades;
- tener objetivos desafiantes y al alcance;
- gestionar el propio tiempo a través de la planificación;
- entender que es más fácil ceder que enfrentarse a la realidad.

¿COMBATIR O NEGOCIAR?

Todo problema tiene tres soluciones:
mi solución, tu solución y la
solución correcta.

PROVERBIO CHINO

La gestión constructiva del disentimiento es fundamental para la satisfacción personal del líder y para el funcionamiento de la organización donde desarrolla su función directiva. En la era de la velocidad del cambio y de la globalización asistimos a un crecimiento de las situaciones conflictivas en la familia, en las organizaciones y, en general, en la sociedad. ¿De dónde procede este fenómeno? Antes que nada, tenemos que considerar que, en una realidad social donde empiezan a convivir diferentes culturas, pueden nacer grandes incomprensiones entre los diferentes grupos étnicos, puesto que cada uno considera que su cultura y sus valores son los correctos e intenta imponerlos al resto como modelo referencial. Esta tendencia se sitúa perfectamente en la línea del principio fundamental según el cual, para cada uno de nosotros, nuestra realidad es la única y verdadera, y nuestros modelos culturales y de comportamiento son los más adecuados. No obstante, el ser humano no actúa en su propia realidad verdadera, sino en un modelo de realidad propio condicionado, sobre todo, por filtros sociales e individuales. Como ejemplo de un importante filtro social que contribuye a condicionar las interacciones entre personas se puede citar el religioso: si una persona desde la infancia está fuertemente inducida a creer que su religión es la verdadera y que quien no pertenece a ella es un infiel, por lo tanto malo, de adulto será, con toda seguridad, intolerante con las personas que se adhieren a otras confesiones. Lo mismo sirve también para las creencias políticas; religión y política son, de hecho, materias que activan el mecanismo conflictivo con más facilidad que otros aspectos de la vida.

Efectivamente, las personas tienen creencias, y es justo que piensen que sean las correctas. Todo comportamiento humano, a pesar de lo ilógico que parezca, siempre es coherente respecto a los referentes del mundo de quien los pone de manifiesto. Cuanto más se radicalizan las creencias de un modelo concreto, más difícil es ser consciente y compartir la validez de la existencia de otras realidades. Pensemos, por ejemplo, en los descubrimientos científicos revolucionarios del pasado, como el de Copérnico, quien sustituyó el sistema geocéntrico por el heliocéntrico: cuando presentó su teoría esta sólo se aceptó con grandes dificultades, y el científico fue considerado hereje.

Así pues, a pesar de saber que es normal y justo tener modelos propios, el secreto para instaurar buenas relaciones reside en no ser esclavos de ellos, sino en entenderlos como relativos. Para un líder, lo que tiene que quedar claro es este principio, y, si quiere gestionar el disentimiento y los conflictos, tiene que promoverlo entre sus colaboradores. Entender las reglas y los modelos de los colaboradores por parte del líder permite que las relaciones salgan favorecidas, evitando inútiles pérdidas de tiempo y de energía. Si nos relacionamos sólo en función de nuestros modelos, sin conocer ni respetar los de los demás, los conflictos son inevitables, puesto que a nadie le gusta ser sometido.

El líder también debe tener en cuenta que los mismos hechos no son motivo de cólera o conflicto de la misma manera para todo el mundo (lo que hace que una persona se enfade puede provocar indiferencia en otra); cada persona reacciona a su manera ante las mismas circunstancias.

Otro elemento importante es la tendencia humana a buscar las «culpas» en el exterior; si continuamos pensando que las situaciones negativas ocurren por culpa de otros, se esfuma la posibilidad de corregir nuestras acciones. El líder debe partir del presupuesto que, en caso de desacuerdo, los trabajadores valoran las situaciones de diferente manera y que todos los puntos de vista tienen el mismo valor. Desafortunadamente, muchos líderes, aprovechándose de su posición de poder, sofocan los conflictos ocultándolos o no afrontándolos, por lo que no facilitan la crítica con tal de defender sus propias convicciones («mi solución»). Esta estrategia protectora de sus motivos es una forma sutil de autoengaño, puesto que si se actúa de tal manera, la empresa no progresa y las personas no dan lo mejor que tienen. El autoengaño induce al líder a sustraerse de la valoración realista de la situación y a perder conciencia de él mismo. Obviamente, es difícil ser objetivos en todo momento, pero un buen líder, debido a la delicada función que desempeña, tiene que intentar serlo lo máximo posible.

Cuando las personas valoran la realidad sólo desde su punto de vista, casi siempre valoran sólo sus intenciones, pero, cuando observan a los otros, captan el comportamiento correcto disociado de las intenciones. De ahí que sea necesario examinar de manera crítica las situaciones, que a menudo conducen a conflictos simplemente porque no se ha tenido la valentía o la capacidad de valorarlas con detenimiento. El conflicto, tan evitado y desagradable para todos, puede convertirse, no obstante, en una ocasión positiva y en una fuente de energía; el líder debe, por lo tanto, cambiar su punto de vista y creer firmemente en este instrumento. El conflicto es una constante en las organizaciones en las que trabajamos y las divergencias son muy valiosas, ya sea para aclarar los objetivos, ya sea para desarrollar la creatividad. Muchos líderes están convencidos de que la conflictividad no existe en su equipo sólo porque no se manifiesta de manera abierta, pero en realidad se limitan a no verla. Cuando el conflicto o el simple disentimiento se hacen públicos y el líder los gestiona con transparencia y objetividad para encontrar la solución más adecuada, se obtienen resultados que, de largo, superan a los que se basan en el «vive y deja vivir».

CÓMO SE GESTIONA UN CONFLICTO

¿Qué ha de hacer un líder para gestionar de la mejor manera un conflicto? Una posición válida es negociar cuál es su lema principal y no considerar a la parte opuesta como una adversaria a batir. Muy frecuentemente constato que los asistentes a los cursos de formación sobre liderazgo entienden que sus jefes, compañeros o subordinados son sus antagonistas y que defienden intereses contrapuestos, pero si reflexionamos profundamente, vemos que todo esto es impensable. ¿Cómo podemos pensar que una organización conseguirá buenos resultados con personas que se enfrentan entre ellas y que defienden sus intereses mediante el conflicto? ¿Cómo puede dirigir a sus trabajadores un líder que los ve como antagonistas? Tanto para prevenir como para resolver de manera constructiva el disentimiento y el conflicto, es necesario describir el comportamiento que un líder ha de mantener y las acciones que debe llevar a cabo:

- conseguir la empatía, es decir, contemplar las situaciones desde el punto de vista de los trabajadores;
- motivar a los trabajadores, puesto que en las organizaciones con baja motivación los conflictos superan la media y producen efectos devastadores;
- gestionar la comunicación, que tiene que ser un instrumento usado de manera consciente;
- concentrarse en los problemas y no en las personas, dado que convirtiendo los problemas en una cuestión personal se tiende a asumir un comportamiento cerrado y a la defensiva;
- ir más allá del significado de las palabras, puesto que todo lo que se dice tiene que contextualizarse en el ambiente y la situación en que se pronuncian las palabras.

La negociación, gracias a la cual las partes se sienten implicadas en la consecución de objetivos comunes y compartidos, deja mucho espacio para la crítica constructiva, que no considera una condena, sino un instrumento para dar con la solución correcta. La crítica constructiva es un instrumento óptimo para dirimir las diferencias que, a menudo, degeneran en conflictos que, a su vez, minan la armonía y el desarrollo de una organización. El líder ha de ser capaz de dirigir y favorecer tal proceso entrando en el juego en primera persona, además de aceptar las críticas depositadas sobre él.

UNA CRÍTICA CONSTRUCTIVA

- Una crítica se elabora en términos precisos y no genéricos: una frase como «No sirves para nada» debe sustituirse por «No sabes hacer tal cosa».
- La crítica se centra en los hechos, no en las personas: hay que sustituir «Siempre te equivocas» por «Te has equivocado en tal cosa».
- Hay que intentar corregir y no masacrar: «Eres un inútil» debe sustituirse por «Qué hay que hacer para que seas capaz de...».

EL LADO OSCURO DEL LIDERAZGO

*El poder tiende a corromper,
el poder absoluto corrompe de manera
absoluta.*

LORD ACTON

De siempre, el poder engrandece las virtudes, pero también los vicios, puesto que cualquier virtud llevada al extremo se convierte en vicio. El ejercicio del liderazgo necesita nobleza en la manera de ser y grandes valores morales, ya que si no es así desemboca en su lado oscuro. De hecho, se dice que «el poder se sube a la cabeza». Desgraciadamente, el mundo real y la historia demuestran que son pocas las personas que poseen los valores que les permiten, como líderes, no transformarse de transigentes en autoritarias. El poder es el espacio de una competición donde, a menudo, no gana la persona justa, sino la oportunista, que es capaz de obtener y mantener su posición gracias al consenso de personas mediocres, fácilmente corrompibles con promesas de beneficios y favores. El líder que ejercita su poder compartiendo y respetando no se preocupa por mantener su posición, sino por conseguir que los trabajadores evolucionen y que sus dotes de liderazgo salgan a flote. Un líder que quiere que los trabajadores y la organización evolucionen se distingue por las personas que elige: honestas, con valores, creativas y con pensamiento autónomo. El déspota, en cambio, se rodea de cortesanos, de personas mediocres con poca capacidad intelectual y faltas de valores morales. El líder autoritario pretende en todo momento la obediencia y, para obtenerla, anula la personalidad y la autoestima de sus colaboradores.

EL PELIGRO DE LA OBEDIENCIA CIEGA

La obediencia ciega no es casi nunca un valor requerido en el ámbito de las organizaciones; incluso en el campo militar, donde es un valor necesario y compartido, los crímenes de guerra no se justifican ni siquiera con la obediencia a las órdenes de los superiores. Dictadores del pasado, como Stalin o Hitler, se rodeaban de hombres fidelísimos que, sobre todo, eran mediocres, porque sabían que, dada su ignorancia, combatirían duramente contra las personas cultas o con sentido común que podían minar el poder de su líder. Lo mismo sucede todavía en nuestros días en el campo político, sobre todo en los regímenes totalitarios.

El mundo político y el empresarial albergan a menudo a líderes oscuros que usan la organización para fines personales, al menos en lo que se refiere a la consolidación de su imagen personal.

Nadie nace déspota. Al contrario, al principio todos los líderes tienen la capacidad de consensuar; su éxito depende de la facultad de crear valores y de ser un modelo que inspire a los demás. Cuando extreman sus dotes personales y empiezan a tener delirios de grandeza, paradójicamente, los líderes acaban dejando de ser un modelo. Nosotros elegimos nuestros modelos de liderazgo en función del valor que les otorgamos, y no según lo que otros piensen que valen. No podemos decidir nosotros mismos ser un modelo, sólo podemos simplemente ser elegidos como tales. Muchos líderes, inicialmente, obtienen el consenso de los demás, pero más adelante, cuando el liderazgo se les sube a la cabeza, se dedican únicamente a mantener su posición, sin respetar a aquellos que los han hecho líderes. Este fenómeno se da porque el líder pierde el contacto con la realidad y se crea una imagen sobredimensionada e irreal de su propio yo. En otras palabras, deja de disfrutar de las dotes que le han hecho grande y, progresivamente, emerge su lado oscuro. Llegado a tal punto, su único interés es mantenerse en el poder sin entender a quien, con anterioridad, le ha ayudado a obtenerlo. Un líder que instrumentaliza su poder deja de ser un modelo a seguir, puesto que sólo quiere añadirse valor a él mismo. Un ejemplo extremo de liderazgo oscuro o de autoridad desviada se observa en las personas consideradas gurús, presentes no sólo en el mundo religioso de los países orientales, sino también en nuestras organizaciones, sobre todo en el campo del espectáculo. En nuestro país, algunos personajes del mundo televisivo presentan todas las características del «santón oriental equivocado». Se han convertido en arrogantes y vanidosos hasta tal punto que muchos espectadores que les han ayudado a ser grandes viendo sus programas tienen una imagen muy negativa de ellos. Un verdadero gurú se mantiene leal y no se aprovecha de los adeptos para fines personales, sino que les dona su sabiduría con objeto de ayudarles en su crecimiento espiritual. Existen gurús sedientos que prometen a sus fieles la libertad interior y exterior al precio de la esclavitud hacia ellos. El mensaje del que son portadores es: «Vuestra libertad depende de mí». Los verdaderos líderes y los verdaderos gurús no actúan para menoscabar la autoestima de quienes creen en ellos, sino que intentan, en todo caso, alimentarla. Muchas personas aceptan este tipo de sumisión intelectual y espiritual porque necesitan a alguien que asuma cualquier responsabilidad. Tales personas son aquellas que conviven con felicidad bajo estrictas reglas, la burocracia y, sobre todo, con la jerarquía. No obstante, no pretendemos defender que la jerarquía sea un error en ella misma; sólo pasa a ser extremamente dañina para las organizaciones cuando acaba por mantener el poder olvidando el desarrollo y la innovación, en organizaciones que, al contrario, requieren la creatividad y la adaptación a una realidad socioeconómica bajo una veloz evolución. Reglas, burocracia y jerarquía son, a su vez, medios útiles para estructurar el poder y la autoridad, pero no para conservarlos; constituyen, además, un instrumento necesario para organizar a las personas que trabajan juntas y para explicitar las funciones y responsabilidades de estas.

GESTIONAR DE LA MEJOR MANERA EL TIEMPO

Si no sabes aprovechar un minuto, perderás la hora, el día, toda la vida.

ALEXANDER SOLZENYCIN

Uno de los mayores problemas de las personas que trabajan en las organizaciones es la falta de tiempo. Para un líder, este factor siempre resulta crucial, ya que el tiempo no es un recurso renovable y no se puede parar, por lo que hay que gestionarlo de la mejor manera. Su gestión óptima pasa forzosamente por la organización y la planificación, disciplina que recibe el nombre de temporización. Se trata de un proceso personal que debe adaptarse, por ello, a las necesidades y al estilo del individuo.

Tal adaptación requiere la modificación de ciertas costumbres, a menudo muy arraigadas y que, por lo tanto, no son fáciles de modificar si no existe un esfuerzo constante por parte del propio individuo. Cambiar el estilo de vida y acostumbrarse a nuevas metodologías requiere esfuerzo, constancia y autodisciplina. Una correcta aplicación de los principios de la gestión del tiempo permite un ahorro de tiempo inimaginable, por lo que los beneficios que pueden suscitarse justifican los esfuerzos del cambio de costumbres. En la vida real, en algunos casos, su adopción supone, además, asumir un estilo de vida completamente diferente. Con toda seguridad, el único límite de que disponemos en la optimización del tiempo es que estamos ligados en todo momento al tiempo de los otros y que podemos influir poco en ello.

Lo más importante que ha de hacer un líder para optimizar el tiempo es definir los objetivos, estableciendo plazos y comprobando constantemente su progresión, como se ha dicho en el capítulo dedicado a los objetivos.

El segundo principio básico en la gestión del tiempo es la determinación de las prioridades; cuando el tiempo es insuficiente, es necesario elegir de manera correcta qué hacer. Pero ¿qué entendemos por prioridad?, ¿aquello que es urgente o lo que es importante? Efectivamente, prioridad significa ambas cosas, a pesar de que a menudo la urgencia prevalece por encima de la importancia, lo que no siempre es un hecho positivo. Con mucha frecuencia las cosas urgentes son las que hemos aplazado para mucho más adelante, pero no son importantes. En sustancia, se trata de un círculo vicioso, ya que lo que no es importante hoy, si se aplaza durante un largo tiempo, lo será mañana. Desafortunadamente, la tendencia común de todos nosotros es llevar a cabo muchas cosas durante la jornada y no ejecutar las realmente importantes. Un antiguo proverbio árabe dice: «Si hacéis demasiadas cosas, hacedlas una a una». Un método válido para establecer las prioridades consiste en aplicar la siguiente división.

• **Lo que hay que hacer:** se trata de tareas críticas cuya no ejecución comportaría graves consecuencias para uno mismo y para los demás. Por ejemplo: una entrega inaplazable estrechamente relacionada con los objetivos o presentar un nuevo proyecto al cliente más importante.

• **Lo que se debería hacer:** son aquellas actividades de importancia media que contribuyen a la consecución de nuestros objetivos, pero que no son determinantes y no tienen un plazo de ejecución demasiado cercano. Por ejemplo, cambiar el sistema informático de la empresa para sustituirlo por uno de última generación es, con seguridad, algo que hay que hacer para mejorar el rendimiento y la eficiencia en el trabajo, pero no es necesariamente vital hacerlo con urgencia, a no ser que el existente sea antediluviano.

• **Lo que nos gustaría hacer:** es la categoría menos importante, por lo que entramos en las actividades irrelevantes para la empresa. El problema es que, como nos resultan agradables e interesantes, les dedicamos tiempo, en detrimento de aquello que realmente es importante. Por ejemplo: la asistencia a todos los congresos y presentaciones a los que nos invitan o a todos los cursos de formación que tratan temas que ya conocemos bien.

Como es obvio, las propiedades cambian continuamente y lo que hoy carece de importancia mañana podría ser importante.

Establecer las prioridades es una actividad conceptual que debe traducirse en acción, y para hacerlo, antes que nada, es necesaria la planificación. Desde la óptica de la gestión y el ahorro de tiempo, se constituye como el elemento central, aunque pocos son los líderes que llevan a cabo una verdadera planificación de sus propias obligaciones.

Sin una buena planificación nos encontraremos en una situación en la cual, en lugar de gestionar el tiempo, estaremos gestionados por este. Parece increíble pero, aparte de la clásica agenda donde anotar las citas, pocos líderes efectúan una verdadera planificación de sus obligaciones.

Si preguntamos a muchos líderes qué tienen programado durante la jornada, la semana o el mes, responderán citando los compromisos vagamente y, más adelante, se darán cuenta de que no tienen tiempo para cumplir con todos. Hay una categoría de profesionales que, casi siempre, deja sus trabajos para el último momento, con una pobre planificación y con urgencia. Este comportamiento, probablemente, se debe a que tendemos a producir lo más perentorio, y tales profesionales tienen muchos trabajos con plazos determinados. Para entender mejor este principio hay que pensar en lo que les sucede a los estudiantes: a pesar de disponer de tiempo, dedican más tiempo a estudiar los días previos a un control o un examen.

LA LEY DE PARETO Y LA LEY DE PARKINSON

Otro principio, conocido como ley de Pareto, confirma la tendencia a postergar, no planificar y, por lo tanto, perder un tiempo valioso; según este principio, producimos el 80 % de los resultados en el 20 % del tiempo. Algunas investigaciones efectuadas en el ámbito laboral demuestran que se pierde, al menos, el 50 % del tiempo en actividades que no están directamente encaminadas a producir. Además, según la ley de Parkinson, un trabajo se finaliza en el tiempo previsto de la siguiente manera: si nos damos tres días para estudiar un proyecto, muy probablemente lo ejecutaremos aplicando el tiempo de que disponemos hasta el último minuto, lo que supone que habríamos podido concluirlo en dos días, y ¡con la misma calidad!

Recuerdo una experiencia que me marcó mucho y que confirma de pleno esta ley. Durante un curso de formación sobre liderazgo en el que participaba como alumno, trabajábamos mucho en grupo y teníamos que hacer numerosos ejercicios. Para poder llevarlos a cabo en el plazo previsto, programábamos el tiempo a disposición para las diferentes fases hasta llegar al resultado final. Pues bien, las pocas veces que no programábamos los tiempos, acabábamos alargándonos demasiadas horas y no conseguíamos acabar la tarea. Tanto era así que en una sesión de tarde en la que no establecimos límites de tiempo acabamos trabajando hasta las tres de la madrugada.

En la planificación del tiempo, las actividades se subdividen en tres categorías a las que ya hemos recurrido en el capítulo de los objetivos:

- a corto plazo (hasta una semana);
- a medio plazo (menos de un mes);
- a largo plazo (más de un mes).

En el plazo corto es necesario programar el día y la semana, anotándolo todo en una agenda de papel o electrónica o, simplemente, en un papel. Para la programación de una jornada, que se efectúa durante el día anterior, hay que proceder en orden de prioridades y es básico prever cierto tiempo para imprevistos, por lo que es necesario planificar la jornada dejando un 30 % de tiempo libre. Al final de cada jornada hay que trasladar a la planificación del día siguiente todo aquello que no se haya podido hacer durante la presente. La planificación semanal es como la diaria, pero menos detallada, y sirve como punto de partida para la planificación diaria. Un consejo útil es pensar, sin llegar al límite del ansia, que decir «hoy» es como decir «en una semana». El plan de trabajo debe estar al alcance en todo momento y hay que tachar, una a una, las actividades resueltas. Los planes a medio y largo plazo se redactan y modifican periódicamente y se constituyen como el marco en el que hay que circunscribir las actividades más próximas. Su función es, principalmente, recordarnos los plazos y planificar con tiempo, a pesar de que no sea demasiado al detalle, nuestro trabajo.

Resumamos los pasos fundamentales para conseguir una buena gestión del tiempo:

• establecer los objetivos;
• definir las prioridades;
• eliminar las actividades carentes de importancia (delegar);
• planificar y programar las actividades con sus tiempos;
• aprovechar los momentos de mayor rendimiento mental;
• eliminar distracciones;
• reservar, de todos modos, tiempo para imprevistos.

PRINCIPIOS FUNDAMENTALES PARA GESTIONAR Y DECIDIR COMO LÍDERES

▓1▓ Las diferencias entre la figura del jefe y la del líder.

- No existe una diferenciación clara si no es a través de posiciones extremas. El jefe no es necesariamente un líder, pero para ejercitar el liderazgo de manera efectiva es necesario estar legitimado en la posición.
- La legitimación en la posición proviene de arriba, pero el verdadero líder siempre está legitimado por los de abajo, es decir, por sus trabajadores.
- El jefe se orienta hacia el presente y se basa en la supervisión; el líder se proyecta hacia el futuro y no presiona a los colaboradores, sino que los implica.
- Ambas figuras son necesarias en una organización: el jefe, porque garantiza el funcionamiento y, por ello, la actividad diaria y, el líder, porque colabora en el desarrollo y la innovación.

▓2▓ La importancia de la visión en el liderazgo.

- Los grandes líderes saben a dónde quieren llegar, cuentan con una visión clara y se esfuerzan por implicar a los trabajadores para que esta se haga realidad.
- La implicación de otras personas se da, no obstante, si estas perciben la ventaja que les supone colaborar.
- La visión se crea y se pone en funcionamiento con cuatro modalidades diferentes: hablar, vender, consultar, crear. Ninguna modalidad es mejor que las otras, y es el líder quien tiene que entender cuál es más oportuna en cada momento.
- Hablar: es la modalidad más utilizada, pero menos eficaz si el líder no es creíble o no tiene autoridad. El riesgo que se corre es que las palabras del líder se consideren vacías de contenidos y se les atribuya una finalidad puramente manipuladora.
- Vender: la visión se vende a los trabajadores, que han de ver en su realización una manera de sentirse gratificados y valorados.
- Consultar: modalidad que contribuye de manera significativa a que la visión sea compartida, puesto que los colaboradores se sienten valorados y partícipes.
- Crear: se trata de una modalidad peligrosa si no existe cohesión, responsabilidad o madurez en el equipo de trabajo, puesto que cuando todos pueden dar su opinión se corre el riesgo que nadie esté de acuerdo con nada.

3   Cómo traducir una visión en un objetivo concreto.

• El objetivo tiene que poder medirse para poder verificar el estado de progresión y para contar con puntos de referencia.
• Debe ser realizable; si no es así no será creíble y desmotivará a aquellos que ya saben que no se podrá conseguir.
• Ha de poderse conseguir, más de lo que la mente pueda sugerir, puesto que no debe olvidar la tendencia de las personas a menospreciarse.
• El objetivo debe fragmentarse en plazos, y ha de supervisarse de manera constante su estado de progresión (se admite cambiar los tiempos y los contenidos si varían las condiciones o si se perciben errores iniciales de valoración).
• El líder juega un papel fundamental en el mantenimiento de una atención alta para alcanzar las metas previstas.
• El objetivo tiene que ser compartido por las personas que deben llevarlo a cabo. Si no es así, las posibilidades de éxito son bajas, motivo por el cual el objetivo debe ser comunicado, vendido o establecido con los trabajadores.

4   La importancia de la asertividad en el liderazgo.

• Asertividad significa afirmación de uno mismo y no agresividad.
• La asertividad se expresa a través de comportamientos exteriores (forma de hablar fluida, segura, franca) y sentimientos interiores (autoestima, racionalidad y evitar el conflicto, el complejo de superioridad o el de inferioridad).
• El líder asertivo defiende con tenacidad sus propios valores y decide libremente sobre su propia vida sin atender a condicionantes externos.
• El líder asertivo también tiene que saber decir no.
• Nadie posee todas las características de la asertividad, pero un líder debe poseerlas por encima de la media para ser eficaz y aceptado por los trabajadores.
• El comportamiento asertivo es, en parte, un atributo natural que tenemos todos, pero las convenciones sociales y la educación a menudo provocan su merma en las personas.

5   La importancia de tomar decisiones en el liderazgo.

• Un verdadero líder tiene una acusada propensión a tomar decisiones, porque decidir significa crecer y cambiar.
• Un líder que tiene dificultades para tomar decisiones pierde carisma y se daña a sí mismo y a la organización donde desarrolla su trabajo.

• Las falsas decisiones postergan las correctas, hacen que los líderes las deleguen en otros o decidan no decidir.

• Tomar decisiones es psicológicamente difícil, puesto que significa entrar en un espacio desconocido, pero sólo tomándolas se cambia y se crece, incluso cuando se yerra.

• Las razones que obstaculizan el proceso de decisión se definen dentro del campo de la psicología como «bloqueos decisivos», casi todos debidos a miedos, falta de autoestima, inseguridad, bajo conocimiento de uno mismo y las circunstancias del entorno.

• Para favorecer un proceso decisorio es necesario ser consciente de los propios bloqueos, para poder superarlos.

---

6   La importancia de la negociación en el liderazgo.

• La presencia de la disensión y de los conflictos interpersonales en cualquier organización no es sólo fisiológica, también está determinada por el carácter multicultural de la sociedad.

• Para cada persona su realidad es, a menudo, la única verdadera, y es difícil aceptar lo diferente.

• La función del líder es armonizar los diferentes modelos de realidad presentes en la organización, liberando a los trabajadores de la esclavitud que ejercen sus modelos.

• La habilidad negociadora se basa en compartir intereses comunes y en el respeto de la otra parte. Se trata del mejor instrumento de que dispone el líder para enfrentarse a los conflictos.

• El buen líder favorece la aparición de los conflictos latentes, que si se resuelven y gestionan se convierten en una oportunidad de crecimiento para la organización.

• El uso consciente de la crítica constructiva es la mejor manera de evitar la mayor parte de los conflictos potencialmente dañinos.

---

7   Los peligros del liderazgo.

• El poder, a la larga, puede favorecer la aparición de los lados más negativos de las personas privadas de sólidos principios morales.

• El líder que tiene como único objetivo mantenerse en el poder y defender sólo sus intereses personales se rodea de personas mediocres que siguen sus órdenes de manera incondicional.

• Un verdadero líder dedica su poder al interés de la organización y al de las personas que gestiona para que nazcan nuevos líderes.

• El lado oscuro del liderazgo se manifiesta cuando la persona se siente un gurú y aplica su poder de tal manera que se resienten la libertad y la iniciativa de los trabajadores.

- La jerarquía es necesaria en una organización, pero es dañina si tiene como finalidad mantener a alguien en el poder y no aclarar y distribuir las funciones o las competencias de las personas.

---

8   **La correcta gestión del tiempo en el liderazgo.**

- La falta de tiempo es un grave problema, por lo que hay que gestionarlo de la mejor manera posible.
- El primer paso para una correcta gestión del tiempo es establecer objetivos y planificarlos fragmentándolos en diferentes fases de actuación.
- Establecer prioridades resulta básico, y lo prioritario es lo que se refiere a los objetivos y no necesariamente a la urgencia.
- Las personas tienden a producir más bajo presión y poco antes de consumir el tiempo disponible.
- Cualquier actividad necesita el tiempo que se le reserva (ley de Parkinson), por lo que es importante determinar tiempos ajustados y no excesivos.
- La planificación es un instrumento práctico para ahorrar tiempo. Hay que programar la jornada de manera detallada y por escrito, siguiendo el orden de prioridades y dejando un 30 % de tiempo libre para los imprevistos que se dan de manera puntal.
- Las planificaciones a largo plazo se redactan con la intención de que se conviertan en un marco donde situar las actividades futuras y para tener una idea aproximada del plan de acción proyectado en el tiempo.

COMUNICAR COMO UN LÍDER: LAS REGLAS BÁSICAS

Es dificilísimo hablar mucho sin decir nada de más.

LUIS XIV

Comunicar es una actividad fundamental para los seres vivos, esencial para su supervivencia. Etimológicamente, la palabra deriva del latín *communis agere*, que significa actuar y poner en común un hecho, una idea o una información. Dadas tales premisas, es fácil intuir la importancia que asume la comunicación para los líderes que, como tales, han de interactuar con otras personas desde una posición que se espera que sea buena para relacionarse. Así pues, saber comunicar de manera eficaz es una condición imprescindible para ser un buen líder y, por suerte, es un arte que se puede aprender y perfeccionar con el tiempo. ¿Cuántos líderes hemos encontrado en nuestra vida que hayan sabido comunicar de manera eficaz? Probablemente pocos. Muchísimos líderes están convencidos de ser buenos comunicadores, pero si preguntáramos a sus colaboradores si lo son estos nos responderían, en su mayor parte, de manera negativa.

Las dos reglas principales de la buena comunicación pueden resumirse con «aquí y ahora» y «no juzgar».

«Aquí y ahora» significa que es necesario vivir en el presente. El principal motivo por el que las personas que ocupan cargos de responsabilidad suelen ser pésimas comunicadoras es que para ellas el tiempo nunca es suficiente, por lo que, mientras se relacionan, piensan en otras cosas y no viven en el presente. ¿Qué consecuencias acarrea un comportamiento de esta índole? La primera es que el interlocutor no se siente escuchado, pero el problema no es que interprete «A mi jefe no le interesa lo que digo», sino que entiende «A mi jefe no le intereso».

Otra consecuencia negativa de no vivir el presente cuando se comunica es, muy probablemente, que el mensaje no sea entendido correctamente por el interlocutor o que se reciba un mensaje diferente al que se quería transmitir. Como veremos detalladamente a continuación, el proceso de comunicación es un fenómeno más complejo de lo que habitualmente se piensa y se enfrenta a diferentes factores psicológicos, por lo general desconocidos por el comunicador, que no permiten su correcto desarrollo. Retomando el concepto de que el tiempo parece que nunca sea suficiente, ¿es cierto que comunicar rápido y, tal vez, con la cabeza en otro sitio nos permite ahorrar tiempo? ¡No, en absoluto!

• En primer lugar, el interlocutor tenderá a cerrarse y, por consiguiente, no pondrá la atención que se necesita para captar el mensaje con todos sus matices.
• En segundo lugar, una interpretación incorrecta conducirá a que el mensaje tenga que volver a repetirse con la pérdida de tiempo que ello supone.
• Finalmente, en la mayor parte de los casos no nos daremos cuenta de haber comunicado de manera incorrecta.

Los occidentales, desdichadamente, nos hemos acostumbrado a hacer varias cosas a la vez (para ahorrar tiempo) y pensamos casi siempre en el futuro o, en algunos casos, en el pasado. Proyectarse hacia el futuro, sobre todo cuando se piensa negativamente, se convierte, a la larga, en una costumbre que corre el riesgo de transformarse en ansia; pensemos bien: ¿qué sentido tiene preocuparse por algo que no existe? De manera análoga, anclarse en el pasado, recurrir a los recuerdos, es una aproximación equivocada, a menos que recordemos lo positivo que hemos hecho. De todas maneras, mirar demasiado hacia el pasado se convierte en un obstáculo para el cambio, elimina cualquier posibilidad creativa y puede conducir a la depresión. En ambos casos nos encontramos fuera del tiempo que vivimos, por lo que también lo estamos de lo que somos en el presente. Para ser comunicadores y receptivos de verdad tenemos que reubicarnos en el presente. Sólo de esta manera podremos captar lo que suceda y ser directos en lo que se refiere a la comunicación.

La otra regla básica para comunicar de manera eficaz es «no juzgar». Para nosotros, los latinos, es muy difícil aceptar este principio, pero juzgar se convierte en el mayor obstáculo de la comunicación. Si, además, pensamos en un líder, ¿cómo podremos creer que no juzgue a uno de sus trabajadores mientras se relacionan? Es difícil, pero adecuado, tener siempre presente que las personas que se sienten juzgadas y condicionadas no se abrirán completamente y que, sobre todo, no se preocuparán de lo que quieren decir, es decir, del mensaje en sí, sino de las consecuencias que conllevará. Pensemos, por ejemplo, en el caso de un asistente a una conferencia o a un curso de formación que plantea una pregunta porque no ha entendido algo. ¿No se sentirá juzgado por el formador o por el resto de participantes como un cretino que no entiende las cosas? Quizás no, justamente porque ha planteado la pregunta. En realidad, los cretinos son el resto de participantes, quienes, por miedo a parecerlo, no han planteado la pregunta que les habría permitido aprender y entender. No obstante, a menudo no son realmente los demás quienes juzgan, sino que somos nosotros mismos quienes pensamos que nos están juzgando.

En el caso del líder tiene una importancia fundamental que, al escuchar una exposición, no juzgue a su colaborador y no adopte un comportamiento que haga que se sienta juzgado. Pensemos en una reunión para valorar el trabajo de un empleado: si se siente juzgado se pondrá a la defensiva y, en lugar de actuar y razonar de manera constructiva, buscará mil excusas para defenderse («La culpa es de mis compañeros», «Hay demasiada competencia»...).

Otra consideración que confirma la no oportunidad de juzgar es que cuando comunicamos algo necesitamos interpretar los mensajes de nuestro interlocutor y siempre estamos condicionados por nuestras convicciones. Ello significa que filtraremos los mensajes buscando que se confirmen lo que creemos que es válido. En tal caso, nuestra recepción no será correcta y el mensaje perderá su significado auténtico.

¿LA PRIMERA IMPRESIÓN ES LA QUE VALE?

Es necesario añadir que en la relación comunicativa estamos afectados principalmente por los primeros instantes de la relación, y que ello condiciona lo que prosigue. Por lo tanto, si se juzga a una persona, después será difícil cambiar de opinión. Pero ¿se puede captar a un interlocutor en pocos segundos? En rarísimos casos es posible, pero hay que recordar en todo momento que el comportamiento del otro está influenciado por factores que no son estáticos, sino dinámicos. Si hemos pasado un mal día o estamos afectados por un trauma, nuestra actitud, incluso si nos esforzamos, no comunicará de manera positiva ni entusiasta. El líder tiene que saber, pues, que la primera impresión no es suficiente para emitir una condena definitiva de culpabilidad. Todo ello también vale en el sentido contrario: personas que al principio nos han parecido capacitadas y positivas no lo resultarán después de un tiempo. Un buen líder, pues, no juzga, valora con el tiempo, basándose en datos concretos, y, sobre todo, se esfuerza por crear la atmósfera favorable para una buena comunicación.

EL PROCESO DE COMUNICACIÓN: LA IMPOSIBILIDAD DE NO COMUNICAR

*La simplicidad es la forma
de la verdadera grandeza.*

FRANCESCO DE SANCTIS

Como en parte ya se ha apuntado, la comunicación es un fenómeno que incluye el concepto de compartir informaciones, acontecimientos y emociones, por lo que no existe comunicación sin transmisión y sin otro sujeto que no sea el destinatario. Por tanto, podemos afirmar que comunicar significa «transferir» a la mente del receptor informaciones relativas a imágenes, ideas, conceptos, percepciones, estados de ánimo que residen en la mente de quien emite el mensaje. El acto de comunicación es un fenómeno muy complejo en el que se halla presente una amplia gama de intervenciones por parte de los sujetos implicados.

INFORMAR Y COMUNICAR

Antes de analizar el proceso de comunicación con detalle es importante precisar una cosa. A menudo, se confunde el acto de informar con otro más amplio y profundo: comunicar. Informar significa transferir de manera simple una información, mientras que comunicar significa hacer que se entienda y compartir la información. Hay que precisar, no obstante, que el término *compartir* hay que entenderlo como «hacer que se comuniquen» y no como «estar de acuerdo» con el contenido de la información transmitida.

En la comunicación líder-trabajador es importantísimo no confundir los conceptos información y comunicación. Dadas las implicaciones de tipo emocional y las delicadas relaciones que se dan en esta circunstancia, es conveniente que el líder sea perfectamente conocedor de cuándo hay que informar simplemente y cuándo es oportuno comunicar. Si, por ejemplo, tenemos que manifestar a un trabajador nuestra insatisfacción por sus resultados, no es correcto que le enviemos un correo electrónico o un fax, sino que es necesario que lo hagamos personalmente.

En la actualidad la tecnología acelera y facilita la transmisión de información, a menudo en detrimento de la comunicación verdadera y eficaz, y frecuentemente abusamos de tal instrumento. Muchas veces estamos convencidos de que el trabajador ha recibido el mensaje y nos sorprendemos cuando nos damos cuenta de que, de hecho, no ha sido así («Se lo he dicho tantas veces que ¿será posible que no lo haya entendido?). Lo que realmente sucede es que los líderes informan a sus colaboradores más veces de lo que se comunican con ellos como consecuencia de muchos factores, algunos ya examinados, como, por ejemplo, las prisas, no vivir el presente, no cerciorarse de que han comprendido la información, no compartirla, elegir un medio, un contexto o un momento equivocados.

Procedamos ahora a analizar los componentes del proceso comunicativo. Para que haya comunicación son necesarios dos (o más) sujetos:

- el emisor;
- el receptor.

El emisor es el sujeto fuente del mensaje. El primer paso que ha de dar para transferirlo es codificar dicho mensaje, es decir, utilizar un código para su transmisión (por ejemplo, la lengua española, un gesto, una expresión facial); el mensaje que se codifica de tal manera se transmite al segundo sujeto, es decir, el receptor, que tiene que decodificarlo. Los mayores problemas de comunicación nacen, de hecho, en esta primera fase. Si, por ejemplo, el receptor no comparte el mismo código que el emisor (no conoce la lengua castellana) o no está capacitado para interpretarlo (no está preparado técnicamente o tiene sus emociones alteradas), no puede haber comprensión. El emisor, por tanto, ha de codificar el mensaje aplicando los mismos códigos que el receptor.

La interacción se da, obviamente, en un contexto concreto que puede condicionar de manera determinante la interpretación del mensaje. Para entenderlo mejor recurriremos a un ejemplo: la frase «Los vendedores son unos mentirosos» tiene un significado diferente o diferentes efectos si se dice en una reunión de vendedores o en una reunión del departamento de compras. Así pues, el contexto es el conjunto de circunstancias temporales, de lugar, ambientales, históricas, sociopolíticas y culturales en el que se da la comunicación. El buen líder ha de tenerlas en cuenta en más de una ocasión si no quiere ser incomprendido y sí eficaz en el desarrollo de sus tareas.

Llegados a este momento es necesario plantear una pregunta: por ejemplo, si estamos exponiendo un proyecto a nuestros colaboradores, ¿quién es el emisor mientras hablamos? La respuesta parece obvia, pero si hemos respondido «nosotros», debemos saber que las cosas no son exactamente así. Nuestros colaboradores también son, mientras escuchan en silencio, sujetos emisores de comunicación: a través de su postura, las expresiones faciales, la respiración o la mirada nos transmiten muchísimo. Todos los sujetos participantes en una situación comunicativa son, a la vez, emisores y receptores.

Parece un hecho irrelevante, pero es básico para entender mejor la situación y cambiar una actitud si las señales que envían los interlocutores son negativas. Si, por ejemplo, en una reunión, mientras el líder habla, los trabajadores emiten señales no verbales de aburrimiento, desinterés o desacuerdo, aquel no puede no tenerlas en cuenta si quiere ser realmente eficaz y persuasivo. El líder, necesariamente, tiene que ser conocedor de la importancia del *feedback* y usarlo de manera adecuada durante la interacción con los trabajadores.

EL *FEEDBACK*

Es cualquier tipo de mensaje que el receptor envía al emisor durante la comunicación. Dado que no se puede no comunicar cuando dos sujetos están en presencia el uno del otro, puesto que se envían información —como mínimo de carácter no verbal—, es imposible no crear *feedback*, incluso si no hablamos. El *feedback* tiene dos funciones fundamentales:

• revela al emisor el nivel de implicación y de escucha del interlocutor;
• indica las valoraciones del receptor en función de los mensajes que transmite el emisor.

En caso de *feedback* negativo es un error muy grave para un líder no tomarlo en cuenta y no modificar la comunicación para adecuarla al contexto que se está delineando.

PNL: LA RELATIVIDAD DE LA COMUNICACIÓN

Toma la dirección opuesta a que acostumbras y casi siempre acertarás.

JEAN JACQUES ROUSSEAU

La PNL (Programación Neurolingüística) estudia el comportamiento humano partiendo del análisis de los factores individuales que filtran la percepción del mundo externo a través de los cinco sentidos.

Tales filtros se deben, a su vez, a otros factores diferentes que interactúan entre ellos: el ambiente social, el cultural, el familiar y motivos neurológicos. Del mundo externo, cada individuo recoge un número infinito de informaciones que imagina, elabora e interpreta en función de diferentes modelos. La PNL nace en los años setenta del siglo XX cuando Richard Bandler, un matemático, y John Grinder, un profesor universitario de lingüística, empezaron a estudiar juntos el comportamiento de tres grandes comunicadores, considerados como los mejores en el campo terapéutico en Estados Unidos: M. Erickson, F. Perls y V. Satir. Los dos investigadores tuvieron la idea de aplicar los descubrimientos de la lingüística y la cibernética al comportamiento comunicativo y, ateniéndose sólo a las que se podían observar y reproducir, consiguieron aislar las características más significativas de las interacciones humanas, primero en el campo verbal y, más adelante, en el no verbal.

De los años setenta hasta nuestros días, la PNL se ha desarrollado a través de dos recorridos diferentes: el primero se ha aplicado a la terapia, mientras que el segundo se ha ocupado de las relaciones en el ámbito laboral. A partir de este segundo campo de estudio nacieron los temas relacionados con la excelencia y la capacidad de influir en los otros.

Asimismo, la PNL se presta bastante bien a aplicarse como instrumento de manipulación, y muchos la han utilizado y todavía la utilizan para tal fin. No obstante, la PNL es, en primer lugar, una herramienta muy válida para una correcta y eficaz comunicación, sobre todo para quienes ocupan puestos de responsabilidad y gestionan recursos humanos. Estar equipados con una capacidad de comunicación persuasiva y coherente con el ambiente en que se produce es, sin duda, una herramienta muy eficaz para elevar el prestigio y el propio liderazgo.

La PNL se basa en el siguiente principio: el punto central de la comunicación no es el mensaje, sino el individuo que lo recibe. Para conseguir una buena comunicación no es sólo importante conocer el carácter y la historia de las personas implicadas, sino también su manera de vivir y percibir en el momento en cuestión. La PNL, por tanto, traslada la atención del emisor al receptor: para ser persuasivos es necesario comunicar con la lengua y las modalidades del interlocutor para facilitar el trabajo al receptor.

El instrumento con que las personas se comunican y establecen contacto con el mundo que les rodea son los canales sensoriales; las personas, todos nosotros, privilegiamos algunos de ellos, y, de acuerdo con este principio, la PNL subdivide a los individuos en tres grandes categorías: visuales, auditivos y cinegéticos.

• Los hombres *visuales* son personas que privilegian el canal visual y, por tanto, son particularmente receptivos a las imágenes, las expresiones de la cara y los colores. Transforman su percepción, sobre todo, en imágenes mentales y usan metáforas visuales. Presentan algunas características distintivas: son veloces cuando conversan, respiran rápido, miran hacia arriba, mantienen la espalda recta y su gestualidad está muy acentuada.

• Las personas *auditivas* se sienten particularmente atraídas por los sonidos y la musicalidad de la voz, pero también aman el silencio. Les estimulan las citas, las máximas y la lógica del discurso. También cuentan con algunas peculiaridades: su respiración es torácica, tienden a mirar hacia la fuente del sonido y, por tanto, a distraerse en presencia de ruido. Además, se fijan más en la calidad de la exposición que en el contenido de la misma.

• Las personas *cinegéticas* utilizan el tacto, el gusto y el olfato como canales preferenciales, por lo que son muy concretas, como demuestra el hecho de que prefieren el contacto físico, carnal, y los olores. Su gestualidad es lenta y su voz profunda. No se preocupan por la imagen, sino por la comodidad y lo práctico. Son amantes de los detalles y reflexionan mucho.

Hay que precisar que ser, por ejemplo, personas visuales no quiere decir descartar los otros canales de comunicación; significa, simplemente, que el canal que más se emplea es el visual, por lo que se es más afín a los individuos que pertenecen a esa misma categoría. La ventaja para quien consigue identificar el grupo de pertenencia del interlocutor es que puede adaptar su propia modalidad de comunicación a la que predomina en el otro y alcanzar, así, una mayor capacidad de comprensión recíproca. El buen comunicador se adapta siempre al otro y envía estímulos sensoriales apropiados para ser eficaz y persuasivo. No se trata, sin embargo, de una forma de manipulación, sino de una estrategia comunicativa orientada a la eliminación de elementos divergentes entre los sujetos implicados y a la comprensión inmediata del tipo de comunicación más conveniente con esa persona en concreto y en ese instante preciso.
Intentemos pensar en un diálogo entre un individuo visual y uno cinegético o auditivo. El visual verá en el interlocutor a una persona lenta en la comprensión y aburrida en la elocución, mientras que el cinegético o el auditivo verán en su interlocutor visual a una persona altiva y poco preocupada por las emociones y los detalles.

LA COMUNICACIÓN NO VERBAL:
LA INUTILIDAD DE MENTIR

*No desees ser más de lo que eres
e intenta serlo perfectamente.*

SAN FRANCISCO DE SALES

La buena comunicación es un elemento decisivo en las actividades de relación interpersonal, y lo es todavía más para un líder, sobre todo si se considera el impacto de su función en los colaboradores y la organización. Hemos explicado varias veces, y volveremos a insistir, la importancia que tiene para un líder ser sincero y abierto o, lo que es lo mismo, ser coherente.

La mayoría de los líderes, y en general las personas, casi nunca tienen en cuenta una de las leyes fundamentales de la comunicación: que las personas comunican, sobre todo, a través del lenguaje no verbal. La eficacia y coherencia de la comunicación no dependen sólo de lo que decimos, sino también de cómo lo decimos. ¿Cuántas veces no hemos sido persuasivos, a pesar de que nuestros mensajes verbales eran impecables? ¿Cuántas veces nos hemos despistado escuchando a un conferenciante, a pesar de que estuviera contando cosas interesantes? Esto sucede porque el canal verbal sólo transmite contenidos, mientras que a través del no verbal se transmiten mensajes que van directamente a la parte emocional, que, al fin y al cabo, determina el resultado final de la comunicación.

LA TRANSMISIÓN DE LA INFORMACIÓN

Según el antropólogo Albert Mehrabian, sólo el 7 % de la información se transmite a través de las palabras, mientras que el 55 % se transmite mediante el lenguaje corporal y el 38%, a través del tono de voz. Efectivamente, las personas normales también conocen, al menos en su subconsciente, esta ley natural. En los cursos de formación sobre comunicación, los estudiantes atribuyen a la importancia de la palabra o del contenido de la comunicación una media que no supera el 15 %.

Si es así, ¿por qué seguimos preocupándonos principalmente por lo que comunicamos y no por cómo lo hacemos?, ¿de qué sirve mentir si nuestro interlocutor puede darse cuenta de que lo hacemos gracias a la interpretación del lenguaje no verbal? La respuesta podría ser que para interpretar este lenguaje es necesario conocerlo. En efecto, es así, pero, más que conocerlo, hay que reconocerlo. De hecho, el lenguaje no verbal es instintivo, lo que supone que poseemos los instrumentos necesarios para decodificarlo, por lo que sólo hay que observarlo y tomar nota.

Conocer la importancia de las señales no verbales ofrece una doble ventaja al líder que pretende ser creíble: por un lado, la posibilidad de captar el significado real de la comunicación de los colaboradores y, por el otro, ser más incisivo con la suya propia. A menudo, los líderes están convencidos de que con un gran discurso podrán persuadir en todo momento a sus empleados y, tal vez, alguna vez lo conseguirán, pero, a la larga, se encontrarán solos, puesto que es difícil parecer coherentes y convencidos si el argumento se basa sólo en palabras.

Un líder ha de gestionar, y no manipular, su propia comunicación. Aún mejor, a veces puede manipular, pero sólo si dicha manipulación tiene como fin tutelar intereses legítimos e inherentes a su misión (cuidado: no hay que olvidar que debe ser compartida por el colaborador). En tal caso hablamos de manipulación positiva, como cuando, por ejemplo, en un momento difícil hay que desdramatizar de cualquier manera una situación negativa para evitar que los trabajadores caigan en el pánico. A decir verdad, cuando hay una buena intención, no se puede decir que se trate de una auténtica manipulación, a pesar de que no se cuente toda la verdad: nuestro cuerpo, que nunca miente, en tales casos se convertirá probablemente en nuestro aliado y, si ha percibido nuestras buenas intenciones, se comportará de manera coherente con nuestras palabras.

Las dificultades que encontramos para hacer que las mentiras sean creíbles se originan, sobre todo, porque nuestro inconsciente es muy difícil de controlar. El motivo es que se rebela constantemente y actúa de manera automática. Así pues, ¿qué tiene que hacer un líder para parecer creíble? Y, sobre todo, ¿puede educarse para ser un buen comunicador? Lo mejor que puede hacer es ser él mismo y, si su cuerpo transmite, por ejemplo, inseguridad, jamás podrá camuflarla con palabras, por lo que deberá intervenir sobre las emociones interiores. De la misma manera, es posible aplicar estrategias que favorezcan la comunicación y ejercitarse para derrumbar las barreras que la obstaculizan, como, por ejemplo, pensar en el presente o evitar juzgar.

En definitiva, la comunicación no verbal desempeña diferentes funciones que influyen en el significado de la verbal.

▓ **Acentuación.** Se da cuando se remarcan algunas partes del mensaje con un gesto o con la entonación. De esta manera, más allá de conseguir que el discurso sea menos monótono y captar la atención, se subrayan los aspectos clave.

▓ **Contradicción.** Como ya hemos visto, al no estar expuesta al lenguaje consciente, la comunicación no verbal permite que se filtren los contenidos del inconsciente, que son los que predominan y, sobre todo, los portadores de la verdad. Si mentimos, de nuestro cuerpo emanarán mensajes que se contradirán con nuestras palabras, como, por ejemplo, tocarnos la nariz, asumir un tono de voz que denote vergüenza e inseguridad, o sonrojarnos.

▓ **Sustitución.** Incluso en silencio, utilizando sólo el lenguaje del cuerpo, por ejemplo a través de expresiones faciales, miradas, gestos y posiciones corporales, conseguiremos comunicar de la misma manera e, incluso, de manera más eficaz.

Hay que recordar el proverbio chino «Una sonrisa vale más que mil palabras» y que sólo somos creíbles cuando existe congruencia entre la parte verbal y la no verbal; las señales del cuerpo tienen que confirmar lo que decimos con palabras.

COMPONENTE RACIONAL Y EMOCIONAL: SABER RECONOCERLOS

Prever el futuro es fácil. Lo que es realmente difícil es entender lo que pasa en el presente.

F. DRESSLER

En la comunicación y, por lo general, en las relaciones interpersonales, todo ser humano utiliza tanto el canal racional como el emocional.

• El primer canal es el del *logos*, que tiene que ver con el contenido de la comunicación; contiene información, hechos, situaciones, problemas y soluciones.

• El segundo es el del *pathos*, también llamado de los sentimientos, que está directamente relacionado con los aspectos del plano emocional y de la relación en la comunicación.

Cuando se formalizan relaciones comunicativas entre las personas se aplican, de diferente manera, ambos canales en función de la situación y de las emociones que se dan y se reciben. Con la intención de que la comunicación sea eficaz es absolutamente necesario que nos relacionemos en el mismo canal que usa nuestro interlocutor.

LOS RIESGOS DE LA INCOMPRENSIÓN ENTRE EL LÍDER Y EL TRABAJADOR

Por ejemplo, sucede a menudo que un trabajador construye la relación con su jefe a partir del canal emocional, haciendo evidentes estados de ánimo como el ansia, la inseguridad y la preocupación. Asimismo, también ocurre que, con frecuencia, el jefe intenta tranquilizarlo mediante el canal racional, con respuestas técnicas o demasiado evidentes o racionales, como «No te preocupes, todo pasa», «Tienes que concentrarte más», «Yo también he pasado por esto»... El estado emotivo del trabajador le impide comprender los argumentos que se le ofrecen desde el plano racional, puesto que permanece anclado en el canal emocional, es decir, en la desazón emotiva. Como consecuencia no se siente entendido y considera que no se le ha respondido lo que esperaba. Si se parte del principio de que la comunicación del trabajador se da desde el plano emotivo, es absolutamente necesario darle una primera respuesta desde el mismo plano: el mensaje claro y contundente que ha de percibir es «Te entiendo».

Es importante no olvidar que la comunicación no es un proceso estático, pero puede variar de un momento a otro y pasar del canal del *logos* al del *pathos* en pocos segundos. Nuestra rigidez mental y, todavía más, nuestra manera de actuar nos llevan a vernos y comportarnos de la misma manera en todo momento. Es verdad que cada persona emplea un canal más que el otro en función de la experiencia que vive en un momento dado, pero esto no impide que se pueda reconducir al interlocutor para que cambie de canal cuando la situación lo requiera. Por ejemplo, si un empleado está afectado por un estado de ansia que obstruye su capacidad creativa y su actuación debido a un problema, la tarea del líder, una vez expresada su comprensión, es hacerle ver la otra cara de la realidad y conducirlo hacia un comportamiento racional que le permita encontrar una solución.

Para entender mejor estos conceptos quisiera explicar un hecho que me ocurrió hace ya algunos años, cuando trabajaba como responsable de ventas en una empresa publicitaria. Un día entró en mi despacho, llorando, la hija, por aquel entonces de unos veinte años, del propietario. Instintivamente, dado su estado fuertemente emotivo, pensé que había pasado algo grave en su familia. En seguida me contó, entre lágrimas, que se había enamorado de un chico que acababa de conocer y habían empezado una relación sentimental. El problema era que ella, en menos de una semana, tenía que irse de viaje a Tailandia con su familia para pasar quince días de vacaciones. Me dijo que estaba muy preocupada por lo que pudiera ocurrir durante su ausencia y que no podía pasar tanto tiempo sin ver a su novio. La chica estaba comunicando exclusivamente desde el canal emocional y las respuestas y los consejos que yo le daba estaban centrados en lo racional. «No debes preocuparte, si está enamorado te esperará», «Quince días en un sitio tan bonito pasan rápido», «La distancia te demostrará a ti también si se trata de un verdadero amor»... ¿Cuál fue el resultado de mis respuestas? ¡Un desastre! No se sintió entendida y salió de mi despacho todavía más desesperada que cuando había entrado. Mi error había sido haberla querido llevar rápidamente al plano racional y, en aquellas circunstancias, era inoportuno. Lo primero que quería oír era un «Te entiendo» y, así, poco a poco, se habría abierto y, probablemente, habría acabado por aceptar los consejos que le daba desde el plano racional.

Otro ejemplo posible lo constituye el caso del trabajador que pide a su jefe un aumento de sueldo para afrontar la compra de una casa nueva. Su necesidad es material y su actitud será, principalmente, racional. El error más común que un jefe comete en circunstancias así es preparar al trabajador para recibir un no, haciendo apreciaciones sobre la persona y su trabajo, del tipo «Eres un buen trabajador», «La empresa y yo te valoramos muchísimo» o «Eres una persona meritoria». En tal caso, el jefe reacciona comunicando a través del canal emocional, pero la percepción del trabajador que, al contrario, está centrada en el racional, es sentir que le están tomando el pelo y le están manipulando. Ante tal hipótesis, el jefe debería establecer contacto, en seguida, con el canal racional, proporcionando al trabajador la argumentación concreta que motiva su negativa. El resultado, al menos, será que el trabajador no se sentirá manipulado y la valoración del jefe crecerá, incluso si el primero no consigue que se acepte su petición. Un buen líder sabe reconocer en qué canal se está comunicando el trabajador y es capaz de sintonizar con él. Sólo de esta manera se establecerá una comprensión y una aceptación recíprocas.

LAS BARRERAS COMUNICATIVAS: CUÁNDO Y POR QUÉ SE LEVANTAN

Extraña época, en la que se necesita más energía para quebrantar un prejuicio que para dividir un átomo.

ALBERT EINSTEIN

Las barreras que obstaculizan la buena comunicación del líder son múltiples. Definirlas y examinarlas todas es difícil, si no imposible. Dichas barreras también están determinadas por la naturaleza de las personas, por lo que podemos afirmar que son potencialmente infinitas y que sólo se pueden analizar las más comunes. No obstante, una cosa es cierta: si un líder no está preparado para reconocer las barreras existentes entre sus colaboradores o, peor, si no es consciente y, como ocurre a menudo, es quien las crea, no podrá hacer nada para derribarlas. Si el líder es completamente responsable de sus resultados, también lo será de su comunicación hacia sus colaboradores. Debido a la función que desempeña, también tendrá la obligación de entender y ser entendido, contribuyendo a eliminar las barreras que obstaculizan la buena comunicación y, sobre todo, a no levantarlas él mismo.

A continuación, describimos las barreras más comunes.

• **Prejuicios.** Ya hemos visto con anterioridad que el juicio es la primera causa de mala comunicación. La frontera entre juicio y prejuicio es casi siempre difícil de diferenciar, y aún lo es más abstenerse de juzgar. Cuando tenemos en frente a una persona, en pocos segundos se disparan dentro de nosotros, de manera automática, y, por lo tanto, inconscientemente, juicios y opiniones, no tanto sobre los hechos y contenidos de la comunicación, como sobre los elementos marginales, como la manera de vestir, la pertenencia a una clase social u otra, la procedencia geográfica, etc. El prejuicio, es decir, la visión de la realidad influenciada por juicios, sean de carácter personal o social, es más fácil de reconocer. Si tenemos una opinión en particular sobre una persona porque nos han influenciado aspectos externos, nuestra actitud mental y nuestra comunicación verbal y no verbal, automáticamente, se conformarán y, como respuesta, nuestro interlocutor se comportará adecuando su comportamiento a nuestras expectativas. Este fenómeno se denomina «efecto Pigmalión» y fue estudiado en los años sesenta por dos científicos: R. Rosenthal y L.F. Jakobson. Tal fenómeno puede funcionar tanto en sentido positivo como negativo.

DE DÓNDE PROCEDE EL EFECTO PIGMALIÓN

Pigmalión era un rey y célebre escultor de la isla de Chipre, muy apasionado por su gran arte para dibujar a las mujeres de su patria, a las que consideraba, no obstante, descaradas y lascivas, tanto que había resuelto no casarse nunca. Sin embargo, un día creó una estatua de una joven tan perfecta que se enamoró de ella. Entonces rogó a Afrodita que le diera vida, hasta que, de tanto implorar, la diosa se lo concedió.

Para ejemplificar lo que significa el efecto Pigmalión, quiero contar una experiencia que me sucedió al principio de mi carrera como formador. Una conocida empresa farmacéutica me encargó un curso sobre cómo hablar en público para los directivos de un hospital de Génova; era la primera vez que tenía que impartir un curso a personas de dicha categoría profesional. Disponía de poco tiempo (sólo una jornada), pero no podía, en absoluto, permitirme fallar, porque no quería quedar mal con quien me había solicitado el curso. Estaba muy preocupado y, sinceramente, habría rechazado a gusto impartir el curso. Para asegurarme de que todo iba a ir bien decidí que tenía que reunirme, antes de empezar, con el directivo que se ocupaba de la organización. Fui a Génova para reunirme con él; cuando entré en su consulta estaba muy nervioso y permanecí de aquella manera hasta el momento en que, despidiéndose, me dijo muy seguro de sí mismo: «Ahora que le he conocido estoy completamente convencido de que el curso será todo un éxito». Aquella frase tuvo un efecto mágico, me sentí aliviado y motivado. No obstante, es inútil decir que aquel curso fuera uno de los mejores de mi vida.

Un curioso experimento llevado a cabo en Estados Unidos confirma el fenómeno anterior. En un colegio, algunos psicólogos simularon poner un test para informarse sobre el futuro rendimiento escolar de los alumnos. Aseguraron a los profesores que los resultados indicaban de un modo infalible cuáles eran los alumnos que obtendrían los mejores resultados, y les entregaron una lista con sus nombres, escritos uno debajo de otro, sin más. Al final del curso, la mayoría de los estudiantes de la lista fueron, efectivamente, los que habían obtenido los mejores resultados. ¿Por qué?, ¿fue sólo una casualidad? No, simplemente se había inducido a los profesores a crearse un conjunto de expectativas que les llevaron a mantener una actitud más positiva y atenta con esos alumnos, quienes, a su vez, al sentirse más implicados y apreciados, dieron lo mejor de sí mismos. Por el contrario, los otros alumnos, puesto que no habían gozado del seguimiento, a pesar de ser en realidad los más destacados, obtuvieron peores resultados. Una vez explicado este caso, es fácil intuir que un líder ha de actuar bajo un prisma positivo, esperando grandes resultados de sus colaboradores, puesto que de tal manera les infundirá más seguridad y confianza en sus propias capacidades.

• **Mecanismos inconscientes.** Muchas veces, la comunicación se falsea mediante mecanismos que residen en el inconsciente y que, por lo tanto, son poco reconocibles y controlables. Cuando transmitimos un mensaje, quien lo recibe lo interpreta condicionado por sus inseguridades, miedos o expectativas. Puede suceder, por ejemplo, que un trabajador tenga miedo de escuchar algo negativo por parte de su jefe, hasta el punto de que no esté dispuesto a escucharlo. Este mecanismo, llamado renuncia, provoca que el sujeto receptor elimine aquello que no quiere oír o que no considera correcto. El líder, para evitar la aparición de este mecanismo y para ser eficaz comunicando, ha de conseguir que el trabajador se sienta a gusto y, sobre todo, no tiene que culpabilizarle. Además del receptor, el propio emisor puede poner en funcionamiento mecanismos de este tipo; sobre todo si gestiona recursos humanos, el líder contará con un motivo más para conocerse a sí mismo.

• **Incompatibilidad verbal y conceptual.** Un motivo frecuente de malos entendidos en la comunicación entre el líder y el trabajador es que el primero asume presupuestos que no considera que sea necesario explicar al segundo. Esta actitud, llamada lenguaje egocéntrico, puede encontrarse en los niños, quienes dan por hecho que su interlocutor tiene la misma visión de los hechos y conoce su lenguaje. Cuando el líder habla con sus trabajadores no ha de olvidar que un cierto lenguaje y determinados conocimientos son fruto de años de aprendizaje y de experiencia con los que sus trabajadores no cuentan. Por ello, el líder tiene que adoptar un lenguaje conocido por los trabajadores y tener presente que, a veces, ellos pueden carecer de los instrumentos para interpretar de manera correcta lo que les está diciendo; además, debe saber que, a pesar de que no entiendan una cosa, no están obligados a pedir explicaciones.

• **Incompatibilidad de esquemas.** Como se ha observado, la comunicación es un proceso esencialmente interpretativo, determinado por instrumentos que cambian de una persona a otra y que reciben el nombre de esquemas. Los esquemas cambian con el tiempo, y la experiencia y su conocimiento son fundamentales para una comprensión recíproca. Por ello, se consigue que personas con esquemas radicalmente opuestos asimilen e interpreten los datos de manera diferente y, por consiguiente, puedan interpretar el mismo mensaje de manera diametralmente opuesta. Si, por ejemplo, un trabajador tiende a bajar los brazos en los momentos difíciles (actitud: «Mejor esperar a que las cosas vuelvan a su cauce normal»), su líder debe comprenderle e intervenir para modificar su esquema, sin acusarlo o generar en él sentimientos de culpabilidad. Cuando los esquemas son opuestos y es necesario esforzarse para que sean lo más compatibles posible con los de la organización, la posición y la misión del líder son exactamente esas. La escucha, la empatía y la comunicación correcta son los instrumentos que deberá utilizar.

• **Falta de conocimiento del interlocutor.** El líder tiene que conocer las esperanzas, motivaciones, características personales y costumbres de sus trabajadores y tenerlas en cuenta para comunicarse con ellos y en su relación diaria. Cuanto más conozca a los trabajadores, más eficaz será su relación con ellos; muchas veces, el líder, por falta de tiempo o por hábito, no se preocupa por profundizar en su conocimiento y, quizás, interrumpe al trabajador mientras está hablando, puesto que considera que ya ha entendido de qué está hablando. Las consecuencias son desastrosas tanto en lo que se refiere a la comprensión como a la motivación del trabajador. El instrumento por excelencia para conocer bien al interlocutor es la escucha, sobre la que hablaremos en el siguiente apartado.

LA CAPACIDAD PARA ESCUCHAR

¿Cómo debemos comportarnos con los amigos? Como querríamos que se comportaran con nosotros.

ARISTÓTELES

Un requisito fundamental para ejercitar el liderazgo y para que este se legitime, a menudo olvidado por los líderes, es la capacidad para escuchar. Muchos líderes parten de la idea de que son los otros quienes tienen la obligación de escuchar lo que han de decir; se trata del error más grande que se puede cometer. Antes de analizar el motivo de su definición como error es conveniente explicar el concepto «escuchar».

OÍR O ESCUCHAR

Escuchar es una acción intelectual, emotiva, selectiva y consciente. Oír, simplemente, es un acto involuntario que no requiere esfuerzo. Por ejemplo, podemos oír una pieza musical porque estamos en un lugar con música, pero no la escuchamos. Asimismo, la música, si se pretende, se puede escuchar cuando, por ejemplo, se sigue la letra o se sienten emociones y se despiertan recuerdos.

El primer paso para una buena comunicación reside en la capacidad de escuchar. Muchos estudiosos sostienen que un buen líder habla el 20 % del tiempo y escucha el 80 % restante. Si no se escucha a los trabajadores el resultado será la aparición de problemas con su motivación, y su rendimiento bajará. Sobre todo cuando conocemos al interlocutor, presumimos de saber qué va a decirnos. En tal caso, el líder tiende a escuchar lo que desea o lo que le es más cómodo, mientras que el mensaje debe interpretarse en su globalidad.

Escuchar, no significa, por tanto, sólo oír. Hay que mantener alerta todos los canales perceptivos, y no sólo el oído. Se habla entonces de la escucha activa. Las ventajas que un líder puede extraer de la escucha activa son fácilmente deducibles:

• mayor control de las situaciones;
• menor probabilidad de conflictos;
• mejor adquisición de datos y de informaciones;
• mayor valoración por parte de los trabajadores.

¿Qué sensaciones tenemos cuando no nos sentimos escuchados? Seguramente no son positivas, y hay que recordar que un individuo que no se siente escuchado no piensa únicamente que el otro no le escucha, sino que es él quien no le interesa. Así pues, la calidad de la escucha transmite un mensaje claro y contundente: si un líder no escucha a su empleado no hace otra cosa que desmotivarlo y hacer que se sienta poco importante. Con la escucha activa permitimos que el otro se exprese libremente hasta el final y estaremos preparados para decodificar mensajes complejos sin detenernos, simplemente, en el contenido. La escucha activa promueve:

• la demostración de la participación;
• la identificación con el interlocutor desde el punto de vista emocional;

• la comprensión y observación del lenguaje corporal;
• el conocimiento de los filtros emotivos de la persona que habla y de los nuestros propios;
• la motivación para escuchar;
• no dejarse influenciar por aspectos externos;
• frenar la reacción impulsiva tendente a la interrupción;
• escuchar con los cinco sentidos;
• la ausencia de enjuiciamiento.

Un aspecto importante de la escucha activa es el *feedback* no verbal que transmitimos. Tal actitud debe informar de que estamos atentos, disponibles e interesados en lo que dice el otro.

La escucha activa es una capacidad que se aprende, aunque en un primer momento parezca difícil de aplicar, pero esto se debe a que no estamos acostumbrados a practicarla. Para aprender el arte de la escucha es conveniente reconocer los obstáculos y actuar de manera consecuente para eliminarlos.

El obstáculo más frecuente es querer tener razón a toda costa o partir del presupuesto de que los otros nunca la tienen. Esta actitud se manifiesta frecuentemente en quien ocupa posiciones de mando y acostumbra a ser la objeción más habitual que exponen las personas sobre su jefe. Si alguien parte del supuesto de que tiene razón, automáticamente interrumpirá su escucha y cortará el discurso del interlocutor para exponer sus propios argumentos. Este comportamiento provoca resentimiento entre los trabajadores, además de conflictos interpersonales. Un ejemplo de este comportamiento y de sus efectos negativos se da constantemente en muchos políticos: si se parte de la idea de que los adversarios nunca tienen razón, ¿para qué escucharlos?

La escucha activa es, pues, un acto empático, es decir, un proceso de mimetización del interlocutor. La empatía es la capacidad para observar la realidad desde el punto de vista del otro y para respetar, de manera sincera, sus opiniones y sentimientos. Si un líder aplica una actitud como esta, además de comprender mejor los deseos de sus colaboradores, será valorado y escuchado. Hay que recordar en todo momento que el líder tiene que predicar con el ejemplo, razón por la cual no puede pretender ser escuchado si él mismo no escucha. Establecer empatía con el interlocutor no sólo es un acto estratégico o una técnica; al hacerlo hay que estar animado por una sincera voluntad para comprender al otro, por lo que es necesario entender y respetar sus sentimientos. Ser empático no quiere decir necesariamente compartir la posición del otro; se trata de entender, simplemente, que para este sus ideas son importantes y reales.

LOS PRINCIPIOS ESENCIALES PARA COMUNICAR EL PROPIO LIDERAZGO

1 La comunicación correcta es una prerrogativa esencial para disponer de liderazgo.

• Los trabajadores esperan que su líder sea un buen comunicador.
• No preocuparse de comunicarse con los trabajadores para ahorrar tiempo es un error.
• Los dos pilares de la comunicación son «aquí y ahora» y «no juzgar».
• No respetar el «aquí y ahora» supone que el interlocutor entienda que no es importante, por lo que aumenta la posibilidad de errores de interpretación y de comprensión de los mensajes.
• Quien se siente juzgado está a la defensiva e interpreta los mensajes de manera equivocada.
• Quien juzga, al menos la mayoría de las veces, no posee todos los elementos necesarios para expresar una valoración objetiva.
• El buen líder valora en el tiempo, basándose en hechos concretos, después de haber conseguido que sus trabajadores se sientan a gusto.

2 Qué significa comunicar bien.

• El buen líder no confunde comunicar e informar: informar significa decir, comunicar significa entender y compartir el mensaje.
• En el proceso de comunicación tiene que haber, como mínimo, dos sujetos: el emisor y el receptor.
• Ambos sujetos son, a su vez, receptores y emisores el uno respecto del otro.
• El emisor debe codificar el mensaje usando un código que conozca el receptor, quien, de otra manera, no lo entendería.
• El contexto en el que se da la comunicación tiene una fuerte incidencia en la percepción del mensaje por parte del interlocutor; de ahí que tenga que conocerlo y valorarlo atentamente.
• Hay que tener en cuenta el *feedback,* es decir, los mensajes principalmente no verbales que el interlocutor transmite mientras el otro comunica, o al final de la comunicación, porque denotan el nivel de implicación y la valoración del receptor en función de lo que escucha.

3 La importancia de la Programación Neurolingüística (PNL).

• En la comunicación interpersonal la comprensión recíproca está influenciada por una serie de filtros individuales que tienen que ver con el ambiente social, el familiar y la estructura neurológica.

- La PNL estudia el comportamiento humano y, sobre todo, la comunicación en referencia a los filtros individuales y a los canales perceptivos sensoriales.
- Visuales, auditivos y cinegéticos son los tres modelos en que la PNL subdivide a los individuos según el canal perceptivo que cada uno utilice de manera predominante.
- Reconocer la categoría a la que pertenece el interlocutor permite adaptarse y, por ello, ser más eficaz en la comunicación, puesto que la atención se traslada hacia el receptor. No se trata, pues, de manipulación, sino de adaptación.

4 El papel de la comunicación no verbal.

- El líder, necesariamente, tiene que ser coherente para ser creíble. Por ello, es inútil mentir, puesto que el cuerpo revela la verdad.
- No hay que prestar atención sólo a lo que se dice, sino también a cómo se dice. Nuestro inconsciente recibe mejor el modo que el contenido.
- El 93 % de la comunicación se transmite a través del canal no verbal. No tenerlo en cuenta es un gravísimo error.
- La congruencia entre el contenido y el modo de comunicar siempre convence.
- Un líder no debe manipular, salvo en contadas ocasiones, en que la manipulación es positiva y su finalidad no es otra que alcanzar los objetivos compartidos y coherentes con su misión.
- La comunicación no verbal puede acentuar, sustituir o contradecir a la verbal.

5 El componente emocional en la comunicación.

- En la comunicación, los seres humanos emplean un canal relacional vinculado al contenido y uno emocional, que es la expresión del componente emotivo de la persona.
- Las personas en relación comunicativa usan un canal u otro en función de las circunstancias y, sobre todo, de sus costumbres.
- Una comunicación eficaz presupone que los sujetos implicados emplean el mismo canal. De lo contrario, se establece un fuerte bloqueo recíproco y, consecuentemente, incomprensión.
- La peor consecuencia de la falta de sintonía en los canales entre el líder y el trabajador es que este último puede sentirse incomprendido y manipulado.
- El líder sabe que, en la comunicación, los estados de ánimo cambian continuamente y que su cometido es conducir al trabajador hacia lo más oportuno en ese momento determinado.

6 El problema de las barreras en la comunicación interpersonal.

• Para una comunicación eficaz el líder tiene que saber reconocer sus propias barreras y las del resto, y actuar para derribarlas.
• Las barreras son potencialmente infinitas, puesto que crecen a partir de la experiencia y los hábitos de las personas.
• Hay que evitar los prejuicios. Sobre todo, un líder debe evitarlos respecto a los colaboradores, porque si son negativos acaban afectando a sus resultados y a su relación (efecto Pigmalión).
• Los mecanismos inconscientes son peligrosos, tanto como su dificultad para reconocerlos y eliminarlos, debido a su naturaleza emotiva y, sobre todo, irracional.
• El líder debe transmitir mediante un lenguaje comprensible, porque los trabajadores no le pedirán explicaciones demasiado a menudo.
• El líder, en su relación con los trabajadores, ha de tener en cuenta sus esquemas mentales para conseguir una comunicación más eficaz; si no resultan funcionales para la consecución de los objetivos, intervendrá de manera inteligente y no autoritaria para adaptarlos.
• Cuanto más conozca las aspiraciones, las características y el carácter del trabajador, más eficaz será el líder en su comunicación, y mejor será su relación interpersonal.

7 El papel de la escucha en la comunicación interpersonal.

• Uno de los presupuestos básicos para la legitimación del líder desde abajo es su capacidad para escuchar a sus trabajadores.
• La escucha se diferencia del simple hecho de oír en que se trata de un acto voluntario que requiere la utilización de todos los sentidos; oír es un hecho pasivo que sólo activa el canal auditivo.
• Una buena escucha por parte del líder tiene como resultado una apreciación mayor por parte de los trabajadores, quienes se sentirán gratificados. Con ello se mejora, como es obvio, la comprensión de lo que se dice.
• Conocer bien a nuestro interlocutor puede llevarnos a presumir que querrá decirnos y, automáticamente, a no escucharlo.
• Pensar que se tiene razón obstaculiza la escucha, puesto que desmotiva y, a menudo, provoca incomprensión y conflictos.
• Escuchar es una acción empática y tiene que permitir ver la realidad desde el punto de vista del interlocutor.

EL PAPEL DE GUÍA DEL LÍDER: LA IMPORTANCIA DE LA MOTIVACIÓN

Donde hay una gran voluntad no puede haber grandes dificultades.

MAQUIAVELO

Las características del líder que hemos analizado hasta el momento y las que todavía quedan por valorar no pueden darse todas en una única persona. No obstante, la capacidad para motivar a las personas no puede faltar de ninguna manera entre las competencias de un líder. La motivación es una energía emocional que empuja a los individuos hacia un comportamiento cuyo objetivo es la satisfacción de una necesidad. La motivación, por tanto, no se puede imponer, y sólo hay una manera para inducir a alguien a que haga algo: darle buenos motivos que provoquen que desee hacerlo. No obstante, siempre queda la posibilidad de constreñir: se puede obligar a alguien a que nos dé su cartera si le apuntamos con una pistola, igual que podemos inducir a un trabajador a hacer una tarea si le amenazamos con el despido. Con tales métodos se obtienen resultados prácticos, pero conllevan repercusiones y efectos colaterales no deseados.

Debido al carácter emocional de la motivación, nada ni nadie conseguirá anular, ordenando o persuadiendo, las consecuencias que las emociones tienen en su comportamiento. Así pues, para motivar es necesario centrarse en los deseos y en las emociones, y el instrumento para llevarlo a cabo no es otro que la implicación en los objetivos, los sueños, en la *misión* de la empresa. A este proceso no se llega chasqueando los dedos, sino con una continua acción de convencimiento que requiere mucho tiempo. Obviamente, todos queremos algo a cambio de lo que hacemos, aunque la verdadera motivación, la que no se elimina con el tiempo y conduce hasta los buenos resultados, no repara en los incentivos financieros o en el miedo a sufrir las consecuencias. La verdadera motivación procede de nuestro interior y responde básicamente a deseos de la esfera psíquica y no física.

El estudioso que probablemente más ha contribuido al conocimiento de los anhelos del hombre ha sido Abraham Maslow, autor de la famosa pirámide jerárquica. Con sus estudios ha evidenciado los deseos básicos del ser humano y ha demostrado que las personas pueden pretender deseos superiores sólo después de haber conseguido los del orfen inferior. Además, ha observado que la satisfacción de un deseo provoca que, de manera inmediata, descienda la motivación. Por ejemplo, cuando alcanzamos la seguridad económica, tras poco tiempo, nos acostumbramos a ella y la damos por hecha.

• En el primer escalón de la escala se sitúan los deseos asociados con la esfera fisiológica (comida, agua, techo, calor, sueño, sexo), es decir, aquellos que garantizan la supervivencia física, por lo que reciben el nombre de primarios.
• Cuando el individuo ha satisfecho los deseos anteriores se manifiesta la exigencia de asegurarse el futuro en lo que se refiere a la seguridad física y emocional, es decir, se trata de la proyección en el futuro de las necesidades fisiológicas.
• Los últimos tres escalones están asociados entre ellos por el hecho de que pertenecen a deseos de la esfera social y psíquica, y representan una superación de la prospectiva emocional. El tercer y el cuarto escalón tienen que ver con la necesidad social, entendida como la identificación con un grupo: pertenencia (asimilación al grupo) y valoración (respeto por uno mismo y por los demás). El ser humano tiene necesidad de vivir en «manada», de interactuar, de intercambiar experiencias y conocimientos con sus semejantes y, sobre todo, de amor, de amistad y sentirse aceptado, por lo cual, valorado.
• El último escalón de la pirámide de Maslow tiene que ver con la necesidad de autorrealización (extrínseca al propio yo) que el mismo estudioso define como «la consecución de aquello que el individuo quiere ser». En dicha autorrealización, que es un hecho subjetivo, el individuo se realiza a sí mismo.

Para motivar a las personas, el líder tiene que conocer bien en qué nivel de la pirámide se encuentra la persona y ayudarla en su escalada.

El miedo como instrumento de motivación provoca el resentimiento entre los trabajadores, quienes a la primera oportunidad se vengarán. Además, los colaboradores de un líder que emplea el miedo y la represión no ofrecerán buenas prestaciones en ningún momento, porque viajarán por un camino opuesto al de la seguridad. De la misma manera, hay que remarcar que el trabajo que se desarrolla en un clima así dificulta la consecución de los objetivos, porque las personas no actúan de manera espontánea y sus esfuerzos no se centran en el trabajo. En un clima opresivo donde está vigente el viejo modelo «mando y controlo», ningún trabajo será satisfactorio para quien lo desarrolla y, en muchos casos, se acabará por odiar una actividad que antes se amaba.

Muchos líderes que trabajan en el mundo empresarial no se dan cuenta de que, para muchas personas, el trabajo puede convertirse en un elemento al que deben someterse para satisfacer otras necesidades de la vida alejadas de la empresa. Desde la posición de líder a menudo se tiende a olvidar este aspecto, pero no debería ser así, puesto que los trabajadores deberían de poder satisfacer sus deseos también dentro de la empresa. Tal menosprecio nace porque, debido a su posición, el líder cuenta ya con la consecución de sus objetivos profesionales: disfruta de mayor liberad, gana más, tiene una mayor posibilidad de ser reconocido socialmente y goza de la oportunidad de establecer contactos. Un líder empresarial no ha de olvidar en ningún momento que sus trabajadores pasan el 70 % de su vida activa en la sede de la empresa y que es en tal espacio donde tienen que satisfacer sus anhelos.

Para motivar, el líder debe trabajar para que cualquier actividad requiera la implicación y sea tan importante que se convierta en un desafío para el individuo, quien tendrá que aplicarse con los cinco sentidos. Tiene que hacer que este se sienta miembro de un equipo que trabaja por objetivos comunes y compartidos. A la vez, deberá respetar y no sofocar los objetivos que el trabajador se marca incluso fuera de la oficina. Si sus objetivos personales se contraponen a los de la organización es difícil que el trabajador esté motivado. He aquí, pues, otra capacidad que debe poseer un buen líder: fomentar la armonía y que los objetivos sean compatibles.

Uno de los factores más importantes de la motivación, sobre el que tiene que incidir el líder, es la asunción de responsabilidades, entendida, sobre todo, como autonomía en el desarrollo de determinadas actividades dentro de la organización. El líder deber conceder espacios para la autogestión, delegando al máximo. Con el acto de delegar no sólo se persigue el traspaso de misiones, sino también, y sobre todo, el de la confianza. Parece obvio que la confianza tiene que merecerla el trabajador, quien debe ser responsable, pero también es cierto que para que sea responsable hay que darle confianza. De esta consideración se evidencia que para motivar a un trabajador hay que someterlo a la prueba de darle crédito. Nunca podremos saber si merece nuestra confianza si no le ofrecemos la oportunidad de intentarlo. Este es el punto neurálgico del problema: el buen líder sabe que el potencial de los trabajadores no se plasma del todo y, de hecho, hasta que no está seguro de si estos merecen efectivamente su confianza, no puede ofrecerles autonomía ni responsabilidad, lo que se convierte en una excusa para no delegar. Sólo es bueno no ofrecer autonomía en el caso de comportamientos manifiestamente irresponsables y alejados de los objetivos de la organización.

La jerarquía de los deseos fundamentales según Maslow

AUTORREALIZACIÓN
Exteriorización del propio yo

ESTIMA
Respeto por uno mismo
Admiración del resto

PERTENENCIA Y ACTIVIDAD SOCIAL
Identificación con el grupo

SEGURIDAD
Física y emotiva

NECESIDADES FISIOLÓGICAS
Comida, sexo, sueño, agua

¿FUNCIONAN REALMENTE LOS INCENTIVOS Y LAS SANCIONES?

El aumento de sueldo motiva al trabajador sólo a una cosa: a pedir otro.

FREDERICK HERZBERG

El apunte emocional que, por lo general, más se utiliza en las empresas es el dinero. Como hemos visto en el apartado anterior, Maslow, en realidad, enseña que una vez que un ser humano ha satisfecho sus necesidades fisiológicas, para motivarse debe intentar satisfacer exigencias de tipo psíquico. La aplicación de incentivos y sanciones deja entrever que el trabajo puede ser difícil, por lo que para trabajar bien el individuo ha de recibir algo más. El dinero como incentivo cuenta con una escasa eficacia y, en cualquier caso, supone un recurso limitado de las empresas.

Cuando en los cursos de formación sobre el desarrollo de las capacidades de relación, se pregunta si el dinero es el principal elemento en la vida, el 90 % de participantes responde negativamente. Si se reformula la pregunta refiriéndose a las personas en general, el porcentaje se invierte. Toda persona que haya satisfecho sus deseos primarios es perfectamente consciente de que las gratificaciones más importantes tienen que ver con otros valores, como, por ejemplo, la estima, la comprensión, etc. Un líder es muy consciente de ello y, para incentivar a los trabajadores para que ofrezcan mayores prestaciones, utiliza incentivos puramente económicos de manera ponderada. En efecto, el líder sabe perfectamente que las personas no tienen que trabajar bien sólo ante la posibilidad de recibir un premio. Este sólo debe darse ante un motivo extraordinario, puesto que, de otra manera, pierde valor y el individuo lo da por hecho. Además, en el futuro considerará normal recibir un aumento de sueldo.

Los reconocimientos estudiados y personalizados que se orientan a la satisfacción de los anhelos de las personas son los más apreciados: casi todos los participantes en los cursos de formación consideran que se sentirían premiados y gratificados con una «palmada en el hombro», con un sincero «¿Cómo está?» o con una simple sonrisa por parte de su jefe. Las empresas llevan a cabo profundos estudios para encontrar los mejores incentivos, pero los identifican, por lo general, con aquellos que satisfacen el plano material, que, en los países industrializados, en realidad casi siempre ya están satisfechos. El buen líder, en cambio, debe ser capaz de proporcionar autoestima a sus colaboradores.

Si una persona se siente apreciada y valorada por sus compañeros, pero sobre todo por su jefe, no necesitará mayores estímulos materiales para trabajar con entusiasmo y pasión. Los líderes que motivan y retienen a sus trabajadores mediante incentivos puramente monetarios traicionan el ambiente, la cultura y los valores, principales elementos motivadores. Que trabajar pueda hacer que seamos más felices, inteligentes y sanos no está claro para todo el mundo, pero es el resultado que obtiene quien vive su vida de manera productiva. A propósito de ello Henry Ford dijo: «El hombre que da todo su trabajo y creatividad para conseguir el máximo, y no el mínimo, por un dólar, está condenado al éxito».

Es dicha conciencia el verdadero premio que el líder tiene que ofrecer a sus colaboradores. En la actualidad, en una era de gran inestabilidad, la necesidad de seguridad que en el pasado parecía plenamente satisfecha se pone en duda. Fusiones, adquisiciones y ventas de empresas se han convertido en la pesadilla de las personas que trabajan. La gente es consciente de que resulta más importante la seguridad de mantener el día de mañana el puesto de trabajo, que el incentivo económico actual. Por ello, el líder debe actuar para eliminar este temor y, sobre todo, tiene que promover que los trabajadores puedan hacer carrera. Ese es el mayor premio que desea la mayoría de las personas.

¿CULPA O CAUSA?

> *Quien quiere... busca el camino, quien no quiere... busca excusas.*
>
> MAO TSE-TUNG

Sea quien sea la persona que tenga la responsabilidad de alcanzar objetivos a través de la actividad de otras personas, debe aceptar errores y fracasos. A menudo se dice que «quien trabaja se equivoca». Las enseñanzas recibidas por los fracasos son importantes, no sólo para las personas, sino también para toda la organización. Nadie quiere equivocarse, pero, como hemos expuesto en varias ocasiones, los errores, las críticas, los conflictos y los fracasos se interpretan como señales de una organización en movimiento. Obviamente, es necesario tener presente para el futuro las valiosas enseñanzas que tales hechos nos proporcionan.

El líder ha de saber analizar, de la manera más objetiva posible, las causas de una equivocación para reforzar las posibilidades de éxito. Si se pone de manera positiva y relajada en el lugar de las personas directamente responsables, favorecerá su apertura y la aceptación de la crítica. El error capital de un jefe es inculpar y no analizar las causas. Naturalmente, no hay justificación posible para quien repite el mismo error, puesto que significa incapacidad para aprender de los errores y para tener en cuenta las críticas. En las organizaciones modernas, por desgracia, todavía en demasiadas ocasiones se busca al responsable y no las causas. Como consecuencia, la mayoría de las veces, no se asiste a una búsqueda, sino a un choque con los responsables. El buen líder sabe que, cuando tiene que analizar una cuestión con el trabajador, existe el riesgo de que reaccione enfrentándose a la situación y no cambiándola. En otras palabras, es consciente de que el trabajador se pondrá a la defensiva si no controla bien la reunión.

Lo primero que debe hacer un líder para enfrentarse a una cuestión delicada con un trabajador es cerciorarse de que este está receptivo o prorrogar la reunión si las condiciones no son favorables. Por ejemplo, si el trabajador está ansioso o depresivo, o si el hecho negativo acaba de ocurrir y emotivamente está demasiado afectado, es mejor postergar la aclaración para cuando el trabajador esté más receptivo. No debemos olvidar que hay que enfrentarse a los problemas cuando suceden, puesto que si se espera demasiado tiempo pueden magnificarse y su resolución será más complicada.

CÓMO AFRONTAR UNA REUNIÓN CON UN TRABAJADOR

La reunión ideal entre el líder y el trabajador no se puede definir con precisión, puesto que está muy vinculada a la relación existente entre las partes. Lo que el trabajador se deja decir por el jefe a quien admira no se lo permitiría a otro que va de genio. No obstante, hay algo cierto: el diálogo en una reunión debe estar dirigido por el líder, quien ha de conducirlo a través de preguntas que tengan un objetivo preciso. El líder formula las preguntas y ofrece al trabajador la posibilidad de justificarse sin interrumpirlo para corregir sus puntos de vista erróneos, y le da el tiempo y los elementos necesarios para que él mismo consiga ver en qué se ha equivocado. Las preguntas, obviamente, no deben ser planteadas con el propósito de que el trabajador se avergüence o de manera acusatoria, puesto que este consideraría el acto como un interrogatorio.

Cuando hayamos escuchado atentamente, trasladaremos al trabajador lo que hemos entendido y que comprendemos su posición, aunque no la compartamos (empatía). Este tipo de escucha posibilita que nuestro interlocutor nos escuche atentamente y que, posiblemente, asuma nuestro punto de vista. Con toda seguridad, este comportamiento por parte del líder facilitará la apertura del trabajador, que no se sentirá agredido ni juzgado, y su atención durante la reunión se centrará en el problema y no en la persona.

No obstante, la confrontación de opiniones no siempre ofrece las respuestas y el convencimiento de forma inmediata. Muchas veces, una manera eficaz para encarar y corregir situaciones erróneas es compartir nuestros sentimientos, pensamientos y preguntas con el interlocutor, de manera que la reunión no conlleve una respuesta inmediata, sino una seria reflexión. Para ello se acuerda con el trabajador que piense seriamente en lo que ha pasado, en lugar de dar una respuesta cualquiera, que, por lo general, es una defensa de sí mismo. Por ejemplo, si criticamos al vendedor unos resultados inferiores a lo esperado, hay que dar por hecho que se defenderá atribuyendo la responsabilidad al mercado, a la competencia o, todavía peor, a la baja competitividad de los productos o a un precio de venta excesivamente alto. Será, por tanto, el comportamiento futuro del trabajador el que ofrezca la respuesta.

El líder también ha de valorar cuándo hay que efectuar el encaramiento de un problema en concreto. Hay que realizar tal puesta en escena cuando el problema que se examina es el síntoma de otro problema. Si una persona mantiene un mismo comportamiento anormal o alejado de la línea de los objetivos de la organización, es necesario empezar a investigar qué se esconde detrás de ese comportamiento. Si no se consigue identificar el verdadero problema, discutir resulta francamente inútil: no sólo se perderá tiempo, sino que el trabajador podría sentirse incomprendido.

Mi experiencia está llena de ejemplos de este tipo, es decir, de jefes que critican a los trabajadores sin analizar los motivos reales que les han llevado a conseguir un mal resultado o a mostrar un comportamiento negativo. Recuerdo, por ejemplo, al responsable de un grupo de personas que se quejaba porque los trabajadores no seguían correctamente sus instrucciones y cualquier solicitud acababa en conflicto. Después de seguir un curso sobre comunicación y conocer mejor su liderazgo y su equipo de trabajo pude identificar el origen del problema: la falta de directivas claras que, a menudo, se modificaban. A menudo los jefes se quejan de la falta de iniciativa y motivación de sus trabajadores; habitualmente descubro, como formador, que en sus organizaciones los responsables lo concentran todo y no delegan nada. Por ello y actuando de tal manera, ¿cómo pueden pretender que las personas estén motivadas o tomen la iniciativa?

Lo que se ha dicho hasta ahora no pretende culpabilizar a las organizaciones empresariales, pero un verdadero líder sabe perfectamente que es el único responsable de todo lo que sucede en el contexto que trabaja. Dicho esto, es conveniente que su actitud sea la de ayudar a sus trabajadores para que modifiquen un comportamiento que no cumple con las expectativas de la organización. Tiene que saber también que no se puede cambiar a una persona del todo de la noche a la mañana, por lo que, si la parte positiva de la aportación del trabajador supera a la negativa, quizás sea mejor no insistir demasiado. Un factor importante con el que hay que contar es con la voluntad de cambio de la persona: si los aspectos negativos fueran incompatibles con los objetivos, iría bien, para ambas partes, tomar una determinación más drástica.

De todos modos, el líder ha de ser siempre muy objetivo en la valoración de los aspectos negativos y tiene que evitar que los problemas se hagan mayores de lo que son, de manera que los contrastes comunicativos se centren en el «aquí y ahora» y no en el pasado o, como pasa a veces, en un problema futuro. El buen líder trabaja para mejorar el proceso de aprendizaje que originan los errores y estimula a los trabajadores para que realicen proyectos, en lugar de anclarse en el pasado y preocuparse del futuro a través de una actitud pasiva o agresiva. Culpabilizar a los otros hace que se viaje al pasado y no sirve para mejorar el futuro, además de ser una causa desmotivadora para las personas.

SABER DELEGAR

Triste sea el discípulo que no sabe superar a su maestro.

LEONARDO DA VINCI

La capacidad de delegar es uno de los puntos débiles de las personas que gestionan recursos humanos. En el mundo empresarial se tiende a delegar muy poco por las siguientes razones:

• temor a que el trabajador destine más tiempo y recursos de los que necesitaría el líder;
• miedo a que el trabajador demuestre ser mejor que el líder;
• poca confianza en los demás (y en sí mismo);
• miedo a desacreditarse como consecuencia del éxito de los trabajadores.

Delegar es seguramente arriesgado, ya que conlleva traspaso de poder, pero las ventajas para el líder son siempre superiores a las desventajas. El líder cuenta con más tiempo para las actividades estratégicas de la empresa, que, al fin y al cabo, son las que garantizan su desarrollo. En un sistema económico continuamente fluctuable, la búsqueda de nuevos mercados y nuevas estrategias resulta fundamental.

La mayor implicación y la responsabilización aumentan el ego de los trabajadores, por lo que su motivación, de manera consecuente, aumenta, de la misma manera que lo hacen sus prestaciones. La mejora y el crecimiento profesional de los trabajadores son una preocupación constante del líder, sabedor del hecho de que el potencial de las personas jamás sale a relucir del todo.

LAS FASES DE LA DELEGACIÓN

El proceso necesario para delegar requiere diferentes fases, cada una de ellas de una relevancia fundamental para la siguiente.

1 Ante todo, es necesario identificar la tarea que hay que delegar de manera precisa y detallada. A menudo el jefe delega una actividad que él mismo no desea desarrollar. El resultado de dicho proceso es la desmotivación del candidato, que conoce los motivos por los que se delega en él.

2 La siguiente fase es la selección del candidato ideal. Posiblemente no será la persona que más se lo merece, sino aquella que, presumiblemente, está mejor capacitada para desarrollar el poder que se delega en ella.

3 El momento más importante y delicado es el de la aceptación por parte de la persona seleccionada, así como compartir el trabajo a delegar con esta. Ninguna actividad puede desarrollarse con éxito si quien tiene que desarrollarla no la desea y acepta. Por desgracia, en muchas ocasiones, este trámite se salta, y se da por hecho que se acepta voluntariamente. No obstante, y aunque parezca absurdo, el líder debe aprender a aceptar una delegación, y enseñarlo al colaborador. Puede ocurrir que un trabajador no sea demasiado favorable a desarrollar una nueva función, simplemente porque no se considere a la altura y no quiera fallar. En tal caso es necesario reforzar la confianza del trabajador en sus propias capacidades. El buen líder sabe, además, que un trabajo en concreto puede parecer insignificante y poco estimulante si no se encuadra en la prospectiva de la realización de un objetivo importante para quien lo desarrolla. Por ello, es necesario que el candidato vea, en su nueva misión, un instrumento y una oportunidad para crecer, personal o profesionalmente.

4 Una vez aceptada la misión, hay que determinar el ámbito de trabajo y los objetivos que hay que alcanzar, sin olvidar los medios de que se dispone.

5 En cualquier momento que sea necesario, y a menudo lo es, hay que proporcionar al trabajador todos los instrumentos cognitivos que necesite a través de una formación adecuada. No obstante, en nuestro país se da poca importancia a la formación y se da por hecho que las cosas se aprenden mientras se hacen. En parte esto es cierto, pero, sobre todo en la fase inicial, si no el trabajador no cuenta con las competencias necesarias, puede desmotivarse fácilmente frente a la primera dificultad.

La actitud del líder contribuye de manera relevante al éxito del trabajador en lo que se refiere a las nuevas tareas que asume. No debe ajustar los tiempos para obtenerlo todo de manera instantánea, sino que debe dejar que el trabajador actúe solo y a su manera, incluso si se equivoca.

Los errores se manifiestan cuando se aprende una actividad nueva, y de los errores propios se aprende más. Así pues, el líder tiene que aceptar estos errores y no culpabilizar al trabajador, debe motivarlo para que continúe, mostrándole, preferiblemente a petición del trabajador, cómo actuar de la mejor manera posible en la nueva situación a la que se enfrenta.

Si el trabajador siente demasiado «el aliento en la nuca» corremos el riesgo de desmotivarlo, puesto que podría pensar que dudamos de su capacidad y de él. Si el empleado ha realizado un buen trabajo debe recibir un reconocimiento, no necesariamente en forma de incentivo o promoción; puede ser verbal, y la mayoría de las veces es suficiente.

Puesto que delegar supone la transferencia directa de poder, el líder tendrá que supervisar en función de lo previsto previamente, tanto en lo que se refiere a los plazos, como a la modalidad. De esta manera, no se percibirá su acción como una investigación policial, sino como un elemento necesario para alcanzar los objetivos establecidos.

En definitiva, el éxito del líder reside en su capacidad para multiplicarse entre sus trabajadores; es más, estos deberían ejecutar sus tareas mejor que él. Ser un buen líder no significa únicamente hacer las cosas bien, sino, sobre todo, hacer lo correcto en el momento justo. Lo único que tiene que saber hacer muy bien es conseguir que los trabajadores den el máximo de lo que tienen.

NO TODO PUEDE DELEGARSE

Algunas actividades no pueden delegarse, como las siguientes:

- la motivación de los trabajadores;
- la comunicación con los trabajadores;
- la supervisión y valoración de los resultados;
- la definición de los objetivos empresariales;
- el establecimiento de las normas que regulan los procedimientos;
- las actividades con un alto nivel de confidencialidad.

PRINCIPIOS BÁSICOS
EN LA DIRECCIÓN DEL TRABAJADOR

Hay personas que lo pretenden todo de la vida, pero no dan nada; otras no piden nada, pero lo dan todo y, por ello, lo poseen todo.

WINSTON CHURCHILL

Toda persona es lo que cree ser y, subjetivamente, esto es casi siempre cierto. Lo que somos realmente es una evidencia, pero la percepción que los otros tienen de nosotros a menudo no coincide con la nuestra. De manera inconsciente damos a nuestros colaboradores una impresión diferente de lo que somos en realidad. A la distorsión de nuestra verdadera imagen también contribuyen los colaboradores mismos, a través de generalizaciones o estándares como: «Los jefes siempre son déspotas», «Nunca escuchan», «Sólo se les pueden transmitir cosas positivas», «Abrirse es peligroso», «Nunca hay que contradecirles». Efectivamente, muchas de estas creencias se pueden encontrar en la mayoría de los contextos organizativos, pero es importante no generalizar y analizar cada caso de manera objetiva.

El buen líder debe ser consciente de la existencia de este mecanismo automático de pensamiento que interviene en la valoración de los jefes, y por ello tiene que esforzarse para que no aparezcan dichas valoraciones, promoviendo la apertura de los trabajadores y abriéndose él también. La realidad, como decíamos, es muy diferente: son muy raros los casos en que los líderes se preguntan qué percepción tienen de ellos los trabajadores. Para confirmarlo, puedo aportar como ejemplo lo que sucede en los cursos de formación. La fase preliminar de un curso de formación prevé un análisis de necesidades y una comprobación de la situación y de las relaciones interpersonales que existen, mediante una reunión con la dirección de la empresa que solicita el curso. Los diferentes jefes expresan su opinión sobre la tipología de relaciones internas existentes, así como sobre la manera en que entienden que les perciben los trabajadores, además del estilo de dirección que ejecutan. Puntualmente se constata que la percepción que tienen los jefes de cómo les ven los trabajadores, en muchos casos, no sólo es diferente, sino totalmente opuesta a la realidad.

La consecuencia que se extrae de la falta de conciencia sobre quiénes somos, desde el punto de vista del trabajador, es que la acción directiva es más difícil y tiene reducidas posibilidades de éxito. En definitiva, un líder debe preguntarse o, mejor, preguntar a sus trabajadores cuál es su opinión sobre él y, sobre todo, cómo les gustaría que fuera. Muchos jefes se interesan por sus trabajadores sólo en materia estrictamente profesional, a pesar de que se requiera de ellos mucho más desde el punto de vista personal: esfuerzo, sacrificio, lealtad, tiempo. Si un líder pretende la implicación total de su trabajador, tiene que interesarse por todo el hombre; si desea conseguir resultados excelentes con sus trabajadores, tiene que motivarles, y para una persona no hay nada más importante que ella misma.

Por ello, el buen líder debe esforzarse para que los trabajadores entiendan que son importantes para él no sólo como tales, como empleados, sino también como personas. El buen líder ha de armonizar los intereses legítimos de los trabajadores con los de la empresa; debe cuidarlos, procurando entenderlos y conocer sus problemas personales y sus preocupaciones.

Veamos, a continuación, los principios básicos que han de inspirar a los líderes en lo que se refiere a la dirección de sus trabajadores.

• **Pretender de uno mismo más de lo que esperan los trabajadores.** La aplicación cotidiana y constante de este principio ofrece a los trabajadores un ejemplo muy positivo y motivador a seguir. La consecuencia más significativa es que se sentirán orgullosos de su jefe y, casi inconscientemente, se convertirán en sus fieles adeptos. No obstante, a menudo hay muchos jefes que consideran que los trabajadores están a su servicio y que la consecución de ciertas posiciones conlleva más privilegios que obligaciones, mientras que, en realidad, debería pasar lo contrario. Dominio de uno mismo, perseverancia y coherencia son los instrumentos para aplicar correctamente este principio. El autocontrol del líder impresiona a los trabajadores, quienes, al verlo como un modelo referencial, intentarán imitarlo y activarán esos recursos escondidos que, como todo el mundo, tienen. La perseverancia saldrá a la luz en los momentos en que querrían abandonar, y la coherencia hará que sean más responsables y fieles.

• **Esperar de los trabajadores más de lo que esperan otros.** Cuando do el trabajador percibe que esperamos mucho de él no podrá hacer otra cosa que sentirse orgulloso. El peligro de obtener un efecto contrario, es decir, entender lo que se espera como aprovechamiento, sólo puede darse si el líder da la impresión de plantear tales expectativas para satisfacer sus intereses personales. Si esperamos algo positivo de un trabajador es porque creemos en su capacidad y, si creemos en él más que otros, su motivación y sus resultados alcanzarán niveles máximos. Como líderes debemos tener en cuenta el principio según el cual las personas nunca tienen un conocimiento pleno de sus propias capacidades, no expresadas y en estado potencial. Por ello, nuestra obligación es proporcionar confianza a los trabajadores para que se crean más capaces. No obstante, como líderes no podemos tensar la cuerda demasiado: los objetivos no tienen que ser demasiado altos, pero, en todo momento, deben exigir la superación de los trabajadores para que estos salgan de su zona de confort y se den cuenta de que pueden mejorar mucho más de lo que creen.

• **Interesarse por el éxito del trabajador por encima de cualquier otra cosa.** Un interés sincero por el éxito del trabajador no puede tener otro resultado que el crecimiento de nuestro liderazgo por lo que a él respecta. Pocos líderes entienden que el éxito del trabajador es su propio éxito y que toda su actividad debería centrarse en este principio. La consecución de objetivos excelentes es el resultado de la suma de los éxitos de cada trabajador. El líder debe vivir sus emociones junto al trabajador, compartiendo sus propias experiencias, sufriendo y alegrándose con él.

• **Proteger al trabajador de sus miedos.** Las personas dan lo mejor de ellas mismas cuando están tranquilas. A pesar de que es cierto que sólo podemos buscar la serenidad dentro de nosotros mismos, también lo es que un buen líder contribuye de manera determinante a que los trabajadores superen sus miedos. Tal aportación no existe cuando el líder piensa demasiado en sus objetivos personales y deja al trabajador con sus dificultades para beneficiarse él mismo. El simple hecho de saber que podemos contar con alguien en caso de necesidad nos da fuerza y la tranquilidad necesaria para actuar de manera correcta y para conseguir nuestros objetivos. El trabajador tiene que ver a su jefe como un baluarte en caso de dificultades. He aquí, pues, el único caso en el que el líder no debe ser del todo sincero y controlar sus sentimientos. En todo momento, si las cosas van mal, tiene que saber dar la impresión de poder resolverlas, aunque no se lo crea del todo, porque si él también cede, todos quedarán afectados. Muchas veces, los líderes han de saber sufrir en silencio y en soledad.

LOS PRINCIPIOS BÁSICOS PARA GUIAR A LOS TRABAJADORES

▓1▓ Para ser líder hay que saber motivar a las personas.

• La motivación es una energía psíquica y emocional que empuja al individuo a la realización de sus objetivos, por lo que no debe imponerse.

• La motivación está determinada por la necesidad de satisfacción de los deseos; el líder tiene que aplicarse para garantizarlos de manera compatible con los de la organización.

• La escala de Maslow indica cuáles son los anhelos básicos del hombre: fisiológicos (comida, sexo, sueño), seguridad (física y emotiva), pertenencia (identificación con el grupo), valoración (respeto por uno mismo) y autorrealización (extrínseca al yo).

• El uso de la represión y del miedo como modalidades operativas del líder va contra uno de los anhelos básicos primarios, la seguridad. Los trabajadores se desmotivan y producen malos resultados.

• La asunción de responsabilidad a través de la delegación como expresión de confianza es uno de los puntales de motivación más eficaces que un líder puede utilizar.

• Para motivar al trabajador hay que ponerlo a prueba.

▓2▓ El uso de incentivos y sanciones.

• El dinero tiene un valor motivador escaso, puesto que incide en los anhelos de la esfera material, y en la sociedad industrializada generalmente ya están satisfechos.

• El líder sabe que las personas no tienen que trabajar correctamente sólo en función de los incentivos o para evitar sanciones, sino porque estén motivadas.

• Los incentivos, de cualquier naturaleza, deben estar personalizados en función de las necesidades de quien los recibe. El buen líder debe contribuir a mantener alta la autoestima del trabajador.

• Los mejores incentivos que puede dar un líder al trabajador son la seguridad y la estabilidad laboral.

▓3▓ Enfrentarse a los errores y las culpas.

• El líder acepta los errores y fracasos de su equipo, porque los considera hechos que ayudarán a progresar.

• Su valoración tiene que ser objetiva y enfocada a encontrar las causas; no acusará a las personas, sino que analizará los problemas.

- A través del encaramiento abierto y relajado ayuda a los trabajadores para que aprendan de los acontecimientos negativos, tras haber comprobado su disponibilidad para reunirse con ellos.
- El líder dirige la reunión planteando preguntas intencionadas y escuchando atentamente las respuestas del interlocutor o dándole tiempo para reflexionar.
- Cuando los aspectos positivos superan de largo a los negativos, el líder tiene que hacer la vista gorda y no insistir demasiado para cambiar un comportamiento negativo del trabajador.
- En el caso de que el trabajador persista en su actitud negativa, es positivo emprender acciones drásticas, por el interés de ambas partes.

4 El buen uso de la delegación por parte del líder.

- En la mayor parte de las organizaciones se delega muy poco, puesto que los líderes tienen miedo de ser suplantados por los trabajadores y de perder o menoscabar su imagen.
- En una organización en la cual se delega poco, los líderes pierden la posibilidad de ocuparse de actividades estratégicas básicas para su desarrollo y obstaculizan el crecimiento profesional y la motivación de los trabajadores.
- Delegar es un proceso complejo compuesto por fases muy delicadas: identificación de la tarea y del candidato ideal, propuesta al candidato y aceptación de este, no forzosa.
- La actitud del líder contribuye de manera determinante al éxito del proceso delegador. No deberá ajustar los plazos ni culpabilizar al trabajador si errase; además, no le supervisará continua y obsesivamente, y reconocerá los méritos del trabajo concluido.

5 El liderazgo en la dirección de los trabajadores.

- El líder debe comprobar si la imagen que tiene de sí mismo se corresponde con la que los trabajadores perciben.
Si hay divergencias, le resultará difícil ejercer el liderazgo de manera eficaz.
- El líder tiene que ver a los trabajadores como personas y no como instrumentos para la consecución de los objetivos. De esta manera contribuirá notablemente a crear confianza recíproca, condición necesaria para alcanzar la excelencia.
- El líder pretende de él mismo más de lo que se espera de los trabajadores, mostrando un gran autocontrol.

- El líder debe conseguir que el trabajador entienda que espera de él más de lo que espera de otros, lo que significa que le da mucha confianza.
- El líder ha de interesarse por el éxito del trabajador más que por otra cosa, para que este entienda que respeta sus valores y favorece su crecimiento.
- El líder debe proteger al trabajador, contribuyendo a que esté más tranquilo, porque sabrá que no estará abandonado a su suerte en los momentos difíciles.

APÉNDICE

Esta última parte está dedicada a algunos ejercicios que nos ayudarán a valorar nuestra acción como líderes.

ESTRATEGIAS PARA MEJORAR LA ACCIÓN DE LIDERAZGO

Hay que elegir las tres áreas de mejora que consideremos más importantes para nuestro liderazgo y, para cada una, definir de manera detallada cómo pensamos plantear lo que hemos aprendido con este manual.

Se puede usar un esquema del tipo: ¿qué?, ¿cómo?, ¿cuándo?

Comprobaremos rápidamente nuestro estado de mejora.

Valoración de la eficacia del equipo de trabajo

Responderemos objetivamente a las preguntas y anotaremos
nuestras áreas de mejora.

	SÍ	PARCIALMENTE	NO
¿El equipo ha definido su misión?			
¿El equipo ha definido su visión?			
¿El equipo ha definido sus objetivos?			
¿El equipo ha definido y formalizado las funciones, las competencias y la responsabilidad de sus miembros?			
¿El equipo ha definido y formalizado su procedimiento interno?			
¿Se ha valorado la pertinencia de los procedimientos internos respecto a los objetivos de la organización?			
¿El equipo respeta el reglamento interno?			
¿Son comprensibles y están claros para todos los miembros del equipo la misión, la visión y los objetivos?			
¿Todos los miembros del equipo conocen la misión, la visión y los objetivos?			
¿Todos los miembros del equipo comparten la misión?			
¿Participan y se implican todos los miembros del equipo en la vida y en la actividad del grupo?			
¿Las tareas se asignan de manera equitativa a todos los miembros del equipo?			
¿Los miembros del equipo se sienten libres para expresar sus ideas y estas se confrontan abiertamente con las de los demás?			
¿Intercambian *feedback* (positivo y negativo) los miembros del equipo?			

	SÍ	PARCIALMENTE	NO
¿Hay continuo reciclaje, formación y crecimiento profesional a la disposición de todos los miembros del equipo?			
¿El equipo llega a acuerdos consensuados?			
¿Se ayudan las personas y se apoyan a la hora de resolver problemas?			
¿Comparten las personas la información, los conocimientos y las competencias de que disponen?			
TOTAL			

AUTOVALORACIÓN DEL LÍDER

Responderemos de manera objetiva a las preguntas del test y
anotaremos nuestras áreas de mejora.

	SIEMPRE	A VECES	NUNCA
¿Escuchamos con interés a todos los miembros del equipo y respetamos sus puntos de vista?			
¿Facilitamos las cosas cuando el equipo debe tomar decisiones importantes?			
¿Promovemos momentos para la autovaloración y la crítica constructiva?			
¿Corregimos y generamos *feedbadk* negativo frecuentemente en caso de errores o negligencias del equipo?			
¿Elogiamos y generamos *feedback* positivo frecuentemente en caso de aciertos o comportamientos excelentes?			
¿Intervenimos en los casos de conflicto explícito entre miembros del equipo?			
¿Motivamos constantemente al equipo para que mantenga la concentración en los resultados a alcanzar?			
¿Afrontamos los fracasos hablando con el equipo e intentando aprender?			
¿Intentamos incentivar la asunción de responsabilidades entre los miembros del equipo?			
¿Nos activamos para que el equipo disponga de los recursos necesarios para conseguir los objetivos?			
¿Ayudamos a las personas para que encuentren dentro de ellas mismas los recursos para solucionar sus problemas?			
¿Intervenimos cuando nos damos cuenta de que se ha aislado a un miembro del equipo?			

	SIEMPRE	A VECES	NUNCA
¿Intentamos explicar los motivos de las políticas de empresa?			
¿Nos preguntamos si nuestras acciones se entienden como un obstáculo?			
¿Intervenimos si nos damos cuenta de que el equipo está desmotivado?			
¿Confiamos en el equipo y en las personas que lo forman?			
¿Tomamos decisiones por el equipo de manera rápida y eficaz?			
¿Los miembros del equipo se sienten protegidos y apoyados?			
TOTAL			

BIBLIOGRAFÍA

ADRIENNE, C.: *Encuentre su meta en la vida,* Plaza & Janés, 1999.

ALBERONI, F.: *El arte de liderar: ¿quiénes son nuestros auténticos líderes?,* Gedisa. 2003.

BERNE, E.: *A che gioco giochiamo,* Fabbri, Bompiani, Sonzogno, 1990.

BOSCHI, P. y SPRUGNOLI, L.: *Del giusto modo di gestire i collaboratori,* Demetra, 1998.

CARNEGIE, D.: *Descúbrase como líder: cómo ganar amigos, influir sobre las personas y tener éxito en un mundo cambiante,* Edhasa, 1995.

CASTAGNER, O.: *l'assertività,* Cittadella, 1998.

CAVALLIN, F. y SBERNA, M.: *Imparare a negoziare,* Città Studi, 1994.

CHAPMAN, E. N. y HEIM, P.: *Imparare a dirigire,* Franco Angeli, 1998.

CUTTICA, L.: *L'avventura del comunicare,* Xenia Edizioni, 1996.

DE BONO, E.: *El pensamiento lateral: manual de creatividad,* Paidós Ibérica, 1998.

DILENSCHNEIDER, R.: *Comunicazione come esercizio del potere,* Bonpiani, 1994.

GASSLER, W.: *Pensa Positivo!,* Tea Edizioni, 1995.

GOLEMAN, D.: *Inteligencia emocional,* Kairós, 1999.

— *El líder resonante crea más,* Plaza & Janés, 2002.

— *La práctica de la inteligencia emocional,* Kairós, 2005.

GUIDARELLI, L.: *Come comunicare per vendere,* De Vecchi Editore, 1999.

HARRIS, T.: *Yo estoy bien, tú estás bien: guía práctica de análisis conciliatorio,* Grijalbo, 1997.

KETTLITZ, V.: *Come trattare i propri collaboratori,* Franco Angeli, 1990.

KINDLER, H. S.: *Cómo utilizar constructivamente las diferencias: la gestión del conflicto en las organizaciones,* Centro de Estudios Ramón Areces, 2001.

KRIYANANDA, S.: *L'arte di guidare gli altri,* Ananda Edizioni, 2003.

DALAI LAMA: *El sentido de la vida desde la perspectiva budista,* Viena, 1997.

LEIGH, A.: *Le perfette decisioni,* Lupetti, 1998.

OG MANDINO: *La elección,* Grijalbo, 1996.

— *El vendedor más grande del mundo,* Grijalbo, 1998.

MALTZ, M.: *Psicocibernética: el secreto para mejorar y transformar su vida,* Open Project, 2000.

NICO, P.: *Convincimi,* Franco Angeli, 2001.

— *Una squadra con la voglia di vincere,* Franco Angeli, 2002.

O'CONNOR, J.: *Il libro del Leader,* Ecomind, 2000.

PEALE, N. V.: *Hacia el éxito por el entusiasmo,* Grijalbo, 1979.

PICCARDO, C.: *Insegnare e apprendere la Leadership,* Guerrini e Associati, 1998.

REDFIELD, J. y LILLEGARD, D.: *La canción de Celestino,* Ediciones B, 1999.

RUMIATI, R. y PIETRONI, D.: *La Negoziazione, Raffaele Cortina,* 2001.

RUBIN, T. I.: *Supere la indecisión: métodos operativos para decidir con eficacia,* Grijalbo, 1997.

SUN TSU: *El arte de la guerra,* Fundamentos, 2004.

WAGNER, A.: *Il manager Transazionale,* Franco Angeli, 1991.

www.ingramcontent.com/pod-product-compliance
Lightning Source LLC
Chambersburg PA
CBHW070809280326
41934CB00012B/3123